AF596199

Crónicas de un ex integrante de la Fuerza de Operaciones Especiales de la Marina de Guerra del Perú

Arturo del Carmen Hernández Santos 2021

Kindel Direct Publishing

Edición II

Arturo del Carmen Hernández Santos

Crónicas de un ex integrante de la Fuerza de Operaciones Especiales de la Marina de Guerra del Perú

Combatiendo al terrorismo

Agradecimiento especial a mis hermanos focas,
y a mi familia entera.

GLORIA A LA HERMANDAD

VICTORIA O RETORNO: "VICTORIA"

PROLOGO

Mi objetivo, al poner de conocimiento las vivencias iniciales, del esfuerzo que significa transformarse de ser una persona simple como cualquiera, en uno de los más selectos dentro de un cuerpo militar con exigencias difíciles de superar, es la de demostrar que todas las dificultades que se presenten en nuestras vidas, las podemos superar con voluntad, esfuerzo, sacrificio y decisión.

Claro que podemos fracasar en el intento, es una opción, pero que de lograrlo, no existirá en toda la tierra mayor satisfacción que haberte ganado el derecho de pertenecer a la élite, la cúspide de todo militar, ser uno de los pocos que pueden lucir con orgullo el distintivo que se ostenta después de la culminación del entrenamiento elegido.

Tuve la suerte de ser guiado por instructores que supieron encontrar en mí, condiciones que ni yo sabía que poseía, sacaron ese potencial que hasta ahora me acompaña, potencial de decisión, de fortaleza, de voluntad, de honor y dignidad.

Convencimiento de una entrega a la lucha en favor del bienestar y seguridad de nuestra patria, por la gente desfavorecida, dándonos el norte que necesitábamos para conseguir ese ideal supremo.

El reto tan grande que significaba todo ello, y sobretodo, que no importaban nuestras vidas, solo el logro de los objetivos planteados.

Siento una gran admiración por todos aquellos que me acompañaron y concluyeron conmigo éste entrenamiento, también de todos aquellos que iniciaron, pero que no les alcanzó lo necesario para continuar, desde ya el valor de iniciarlo justificaba el valor de dejarlo cuando no se podía continuar, no todos estábamos preparados para ser un Operador Especial o miembro élite de la Fuerza de Operaciones Especiales de la Marina de Guerra del Perú.

Eterno agradecimiento a mi alma mater

Arturo Hernández Santos

Lima Perú 2021

CAPITULO I

Breve historia personal

Crecí en una hacienda muy grande, rodeado de campos frutales, de reses, caballos, aves, y brazos de río.

Mi padre era empleado en esa hacienda, por lo que disfrutábamos de ciertos privilegios, campos fértiles en frutas y vegetales, había un área especialmente para las reses en donde se recolectaba la leche, producto que era la fuente principal de ingresos y sus derivados; teníamos una cancha de futbol, una capilla con nuestro propio párroco, una escuela en donde cursábamos hasta el 1er grado de primaria y con profesora particular, todo esto lo subvencionaba el dueño de la Hacienda, por lo que aprendí a correr en el campo y a nadar en los brazos de río, trepaba árboles, desarrollando bastante mi intrepidez.

Todo lo producido en cuanto a derivados de la leche, lo llevábamos a una planta de procesamiento que era del dueño de la Hacienda y se llamaba "Leche Pura", algo alejado de la hacienda, y nos encargábamos de su distribución, sea en los supermercados o su reparto en las zonas de Chaclacayo o Chosica, ciudades ubicados al noroeste de Lima; recibí mis primeros pagos a los 8 años de edad.

Mi padre me contaba anécdotas de su servicio militar en la División Blindada del Ejército y a mí me encantaba leer historietas de guerra, mi papá había habilitado un cajón de madera grande, en donde colocaba todas las historietas que adquiría y yo podía acceder a ellas sin problema, las leía con mucha dedicación, me entusiasmaban los gráficos en donde podía ver el combate entre fuerzas antagónicas, explosiones, fuego de artillería, combate cuerpo a cuerpo con bayonetas, etc.

Una actitud que empezó a forjar mi carácter fue cuando en una oportunidad llegué llorando a casa, después de haber asistido al colegio indicando que me habían golpeado y quién había sido, mi padre me dio una lección imborrable aquella vez, me indicó que saliera a devolverle el golpe a quien lo había hecho y que no volviera nunca más a contarle que me habían vapuleado. Lo hice y, aunque con algo de sangre en el rostro, llegué triunfante nuevamente a casa; al cabo de un corto tiempo, llegó el padre de éste chico a quejarse de que yo había agredido a su hijo, ante lo cual mi padre me volvió a dar otra lección, la de protección, le dijo que por qué no lo hizo cuando su hijo me golpeó primero, y a la vez le indicó que si no se retiraba, él correría la misma suerte, y mi padre no pasaba de 1.60 m.

Iba, sin tener conciencia de ello, forjando un carácter que me serviría de mucho para más adelante.

En ese entonces la desgracia tocó nuestra puerta, mi hermano mayor había sufrido un accidente saliendo de la escuela, él cursaba un grado mayor que el mío y ya salía fuera de la hacienda para ir a estudiar su segundo grado de primaria. En un desafortunado momento, y pasando por detrás de un camión volquete cargado de piedras, éste retrocedió sin percatarse de que mi hermano estaba cruzando por detrás, era muy pequeño para verlo y lo pasó por encima, destrozándole ambas piernas, fueron momentos de mucha angustia y sufrimiento. Fue internado en una clínica y recibió toda la atención que en ese momento podía recibir de un Hospital de alto nivel, lograron salvarle las piernas, aunque una de ellas quedo más dañada que la otra, estuvo muy poco a que se la amputaran, su larga rehabilitación permitió que me pusieran en el mismo grado, se retrasó un año.

Cuando regresó a la hacienda, y con sus piernas enyesadas, apenas podía caminar con ayuda, mi hermano, era blanco de puyas y burlas de los chicos de nuestra edad y mayores, por lo que mi vida era una constante pelea con todos ellos, nadie se atrevería a burlarse de mi hermano delante mío, o detrás, si me enteraba que alguien lo hacía, lo buscaba y se arrepentía de haberlo hecho.

Luego llegó el tiempo de renuncias y decadencia, eran tiempos de golpes de estado por militares, nos arrojaron de la Hacienda y tuvimos que pasar por la etapa de la sobrevivencia, fue muy difícil, pero mi madre nunca permitió que nos retrasáramos en los estudios a pesar de las carencias, que eran muchas, ni toleraba que acudiéramos al colegio desaliñados o sucios, siempre impecables, aún hasta ahora no entiendo cómo se las arregló, había momentos en que solo teníamos una taza de té como almuerzo, o algún camote que llegaba a la mesa quien sabe cómo.

Mis estudios primarios no fueron brillantes, si bien es cierto era un estudiante regular, mi conducta era terrible, mi hermano mayor era el brigadier del salón por sus destacadas notas y comportamiento, yo era el más castigado, tan es así que él terminó la primaria siendo un alumno de excelencia y yo sólo aplaudía, mi hermano era mi orgullo.

En la secundaria, elegimos diferentes carreras, estábamos en la secundaria industrial, en el segundo año mi hermano optó por seguir su carrera en el SENATI, recibiéndose de mecánico diesel, profesión que le permitió enrolarse en la Marina Mercante, apenas con 16 años, y empezó a navegar por el mundo, yo sólo quería destacar como líder, aunque tuve que destrozarle la cabeza a un chino que me agredía en donde me encontrara, eran los tiempos en que el bullying lo arreglabas tú solo, obviamente mi pobre madre volvía a ir al colegio a sacarme del fuego. No era un estudiante muy aplicado, pero me sobraba inteligencia, salía a jugar futbol y cuando las cosas se ponían peliagudas en cuanto a notas, estudiaba un poco y aprobaba, nunca reprobé un año.

Era un futbolista con condiciones, mi padre, quien era muy poco de demostrar cariño hacia sus hijos, tuvo que, con el dolor de su corazón, ir a la Federación de la zona a firmar un poder, para que yo jugara en la tercera división de futbol, tenía sólo 13 años.

En la secundaria existía un curso que se llamaba Instrucción Pre Militar, en donde teníamos instructores que eran suboficiales de carrera del

Ejército y la preparación para los desfiles escolares era muy exigente, queríamos siempre obtener el primer puesto, el trofeo era un gallardete (especie de bandera, con bordados en hilos dorados, hermoso, fondo negro, en donde indicaba que el que lo poseía, era el ganador de los desfiles escolares de ése año) que entregaban las autoridades al colegio triunfador, y ganaba el colegio que era más ovacionado, era espectacular prepararse para la competencia, sobre todo si querías ser líder de compañía, lo fui en mis dos últimos años.

La adolescencia fue dura, me involucré con pandillas y muchachos bastantes descarriados, aunque la delincuencia estaba a nuestro alrededor, nunca dejé de lado los valores que me habían inculcado en casa, era pandillero por el afán de proteger a mi familia, nunca fueron agredidos ni involucrados en ese ambiente, todos nos respetaban, a mi padre lo querían y respetaban también, y mucho.

Seguía estudiando y frecuentando a mis amigos, en los momentos de ocio, nos íbamos al rio Rímac, a nadar cruzando el mismo, mientras más cargado de agua la corriente era mayor, mejor para nosotros, siempre fui el primero que cruzaba aún a costa de romperme una costilla contra las rocas que había dentro de la correntada, y no se veían por la cantidad de agua que los cubría, o cortarme los pies con los vidrios rotos que había por las orillas. Era el que indicaba el lugar más seguro para cruzar.

En una de las orillas había un pequeño lago, en donde nos reuníamos para nadar muchachos de diferentes sitios, no los conocíamos a todos, pero nos llevábamos bien, practicábamos clavados y natación, hubo una oportunidad en que, estando en la orilla, alguien nos avisa que uno de sus amigos se estaba ahogando, no podía salir y no sabía nadar muy bien, a lo que opté por ingresar al agua, el problema era que no sabía cómo actuar, por instinto no me acerqué, sólo nadé a su alrededor, decidí tomar aire y ponerme bajo sus pies, prácticamente lo tenía sobre mis hombros, yo caminaba en el fondo, felizmente no era muy profundo, sentía como avanzaba, ni me preocupé si me faltaba el aire o si podría salir nadando, solo quería ayudar, lo logré, el chico se agarró de las ramas que había en la orilla, al sentir que él salía, procedí a salir yo también, varios brazos me sacaban del agua, estaba exhausto, al poco rato nos reíamos por el hecho, creo que mi instinto indicaba el camino que debía seguir.

También enfrentaba y lideraba las riñas y peleas con las pandillas rivales, pero teníamos un código de honor no escrito, nunca se golpeaba al rival caído en el piso, era una cobardía inaceptable, y nadie lo permitía, no importando del bando en que se encontraba el que lo cometiera.

En mi último año de secundaria y con 16 años por cumplir, teníamos la obligación de hacer Servicio Militar Obligatorio no acuartelado, por ser estudiantes de las carreras técnicas, o educación industrial. Cada fin de semana y durante todo un año, los camiones del Ejército venían por nosotros para llevarnos a los cuarteles, andábamos de uniforme y acuartelados todo los fines de semana, era grandioso, ya no tenía que jugar a la guerrita con soldados de plástico o plomo, ya me estaba involucrando, me eligieron para seguir la carrera de Ingeniería del Ejercito, me gradué con el grado de suboficial de reserva.

Dentro del tiempo de instrucción en el cuartel, un día que tomaba descanso en el cafetín, saboreando una gaseosa y un pedazo de pastel, ingresaron unos tipos enormes, con uniforme camuflado y con boinas verdes sobre las cabezas, me sorprendí por sus aspectos, realmente duros e imponentes, yo era un chico de 15 años, delgado y no muy alto, de 1.65 metros, de uniforme verde oliva con botas de cuero de caña alta y más grandes que mis pies, no habían de mi talla, mis pies eran pequeños.

Ya había tomado conocimiento de la guerra de Viet Nam, y como que podía deducir que eran de Fuerzas Especiales, cuando hice las preguntas a mis monitores, me indicaron que eran soldados de élite, donde durante sus entrenamientos, muy pocos lograban concluirlos, que eran cursos muy difíciles y de exigencias extremas, eso fue marcando mi derrotero, de ahí quise ser alguien especial, de élite, conseguir algo que muy pocos pueden lograr. Aún no sabía cómo, ya el tiempo me daría la oportunidad.

Al término del año, fui destacado a la fábrica de Municiones del Ejército, era un ambiente que no me satisfacía, muy rutinario aunque me alegraba porque me permitía jugar futbol, estaba en la selección de esa unidad, apenas había ingresado y ya me seleccionaban, me agradaba que contaran conmigo, me hacían sentir valorado por mis aptitudes de deportista.

Pero aún seguía sin encontrarle sentido a mis aspiraciones, no tenía a quien acudir, no tenía a nadie que me orientara, que me ayudara a encontrar el camino a tomar.

CAPITULO II

Inicio en la Naval

Un buen día me fui al Callao, lo conocía solo de nombre, tampoco sabía mucho del mar, me presenté a la Escuela Naval y pregunté por los requisitos para ingresar, no sabía que era la Escuela de Oficiales de la Marina de Guerra, me indicaron que si no tenía a nadie que me recomendara, tendría que postular al CITEN, que era la Escuela de Oficiales de Mar o Suboficiales (Centro de Instrucción Técnica y Entrenamiento Naval) Obviamente no tenía recomendaciones.

No fue sencillo, habían miles de muchachos como yo, con el mismo afán de ingresar a esta escuela, me preparé un poco, entrené físicamente y no avisé a nadie de que me presentaría a exámenes de selección, no sé si me preparaba a una posible decepción o porque no me gustaba compartir las decisiones que tomaba, ni siquiera le participé a mi hermano mayor.

Me presente a los exámenes de selección, nos hicieron formar en las afueras de la dependencia, cuadros bien ordenados, de acuerdo a los números de inscripción, nos hacían ingresar en fila hacia las aulas, adonde ingresábamos solo con el lápiz y un borrador, tomé mi carpeta individual, esperando a que se nos dieran los exámenes correspondientes, no se escuchaba ningún murmullo, estaba prohibido hablar, cualquier movimiento o falta a las indicaciones era anulada de forma inmediata el examen y el infractor definitivamente fuera de la selección, eran bastantes horas de resolver infinidad de preguntas, cuando terminábamos los exámenes procedíamos a retirarnos, nos daban una fecha para ver los resultados que estarían publicados en la puerta principal, los que figuraban aprobados debían de presentarse en una fecha programada, me presenté como se había indicado, empezaron a leer los nombres de los que habían aprobado, con la advertencia de que no era la definitiva, que detrás de nosotros habían dos alternos, y tomarían nuestros lugares en caso sucediera que no superemos la entrevista personal o el examen médico correspondiente.

Logré ingresar entre los 200 primeros; sólo nosotros teníamos el privilegio de elegir nuestras carreras, me había presentado para la Escuela de Infantería de Marina, quería empezar con mis sueños de pertenecer a una unidad élite, y tenía el convencimiento que podría lograrlo en ésa escuela, pero no contaba con que un oficial, un Capitán de Corbeta, durante la entrevista personal, me reclutó para la Escuela de Inteligencia Naval, según su observación, mis cualidades eran totalmente para esa carrera.

No me arrepiento de esa decisión, inicié mis estudios con un grupo fantástico de compañeros, nos dieron las indicaciones de rigor, la preparación, el alistamiento del material necesario para nuestra instrucción militar y estudios, selección de alojamientos, reglas de comportamiento y horarios, áreas específicas para ello y muchas cosas más.

No me afectó en demasía, ya que venia del Ejército, estaba acostumbrado al orden, la disciplina y obediencia de las reglas, me habían preparado muy bien en ése instituto.

De todas maneras, esa combinación de estudios con sus exigencias y la preparación militar, eran bastantes fuertes, teníamos Instructores, Sargentos (Oficiales de Mar) de Infantería de Marina que no nos tenían mucho aprecio por ser de Inteligencia, éramos como los personajes que íbamos a estar detrás de ellos o de cualquier otro integrante de Marina que fuese sospechoso de actos indebidos dentro de la Institución. Los de Inteligencia tenían esa fama pero algo inmerecido, como después lo fui a descubrir.

Cuando recibí los resultados de ingreso a la Escuela, fui a casa para darles la noticia a mis padres, papá se alegró algo, no fue muy expresivo, pero mi madre, su sorpresa fue increíble, creo que no pensó que podría lograrlo, por mi comportamiento algo indisciplinado y loco, no tengo excusa, fue un momento muy emotivo, mis hermanas no sabían de qué se trataba, creo que ni siquiera sabían que existía la Naval, explicarles a ellas lo que era la vida militar, era chino, indescifrable.

Me despedí de los míos, de mis amigos, sorprendidos también porque nunca pensaron que podía lograrlo, mis actitudes eran algo cerradas, no quería que me acompañaran a presentarme a la Escuela, ni tampoco quería visitas durante el periodo de internamiento, que era de tres meses, ya que las visitas de familiares se permitían después del primer mes de entrenamiento, tal vez algo huraño, era mi personalidad.

La primera acción, era la presentación, área de formación por escuelas, la bienvenida y la asignación del pabellón o cuadra, en donde teníamos nuestros camarotes y casilleros personales, seria nuestro hogar hasta el término del curso de Inteligencia Básica, iniciábamos la rutina con el toque de trompeta 05:00 de la mañana, teníamos 5' para asearnos, vestirnos y dejar las camas en perfecto orden, los servicios higiénicos eran amplios y no había problema de no encontrar alguno disponible, se hacían las formaciones y las inspecciones de rigor, debíamos estar impecables, yo era lampiño y no me salían aun rastros de barba o bigote, pero daba la casualidad de que siempre me castigaban por no haberme afeitado correctamente, el castigo consistía en ejercicios físicos, valgan verdades me encantaban estos castigos, me hacían más fuerte físicamente.

Luego los ejercicios grupales, marchas y más marchas, procedíamos a la cuadra a recoger nuestros utensilios para el desayuno, en ese lapso, los instructores pasaban inspección a nuestros camarotes, y casi siempre encontraban fallas, camas mal tendidas, por no respetar el orden que se nos había indicado desde un inicio, cada número, cada prenda, cada raya en los uniformes escrupulosamente colgados en los casilleros, debían estar en el orden preestablecido, no había excusa, así que después del desayuno nos esperaba más castigos pero esta vez a toda la escuela.

Posterior a todo esto, procedíamos con los desplazamientos a las aulas de enseñanza, magnificas aulas, muy amplias y cómodas, en donde nos impartían los conocimientos de la profesión, teníamos profesores tanto militares como civiles, no pasábamos carencia alguna, realmente no teníamos nada que envidiar a la mejor Universidad Pública o Privada del País, también aquí teníamos competencias inter escuelas, tanto en lo deportivo como en lo académico militar, los sargentos que tenían a su cargo un grupo de escuelas, no solo nos instruían en el reglamento y normas militares sino que también se esmeraban en que nosotros debíamos de ganar, la presión era constante, los castigos iban en aumento en intensidad y variedad, pero no nos amilanaban, éramos un grupo muy compacto, teníamos nuestras altas y bajas en las competencias, pero de nuestra escuela sacaron a un numeroso grupo para representar a la Institución, en las competencia anuales Inter Institutos Armados y teníamos fama de ser siempre los que ocupábamos los primeros puestos.

Cada fin de semana era muy esperado por la mayoría, ya que se abrían las puertas de la escuela para que ingresen las familias de los alumnos, era muy emotivo, traían viandas y casi todos teníamos hermanos pequeños y amistades que querían vernos después de un mes sin poder hacerlo, así que mi posición de no recibir visitas, tuvo que ser derogada, ya que era inevitable, además, los extrañaba de veras, así que mis padres, amigos y hermanos me visitaban cada fin de semana, algunas veces tenía el inmenso placer de ver a mi hermano mayor, quien coincidían sus descansos en el país, con algún fin de semana de visita, él ya estaba viajando bastante por el mundo y me traía presentes de países que ni sabía sus nombres, amaba a mi familia, pero en especial a mi hermano mayor.

Otra de las situaciones emotivas es cuando al término de los tres meses de adoctrinamiento, los padres de cada alumno nos entregan el arma con que defenderemos a la patria, es cuando tus padres dejan de serlo y la patria es quien velara por ti, y tú a cambio entregaras tu vida a su servicio, es más o menos el simbolismo.

Durante el periodo de estudio, en algunos momentos nos llevaban de visita a nuestra "casa", la estación naval en donde desarrollaríamos nuestras capacidades, para ir allá, teníamos que cruzar por una base pequeña, rodeado de pantano y cañaverales, las construcciones pequeñas aún, estaban hechas encima de totorales, tenían una carpa de campaña verde oliva muy vieja, parecía un campamento de la segunda guerra mundial pero en una selva de Asia, con dos sogas largas paralelas en una pequeña pista de combate, era el cuartel de los GRUDES, los demoledores submarinos, cuyo entrenamiento era tan duro, que se recibían muy pocos al término del curso, no teníamos mayor conocimiento de sus capacidades porque eran un grupo secreto, selecto y de los cuales no se hablaba mucho, solo se sabía que era un curso de calificación y para personal de Marina en actividad, todas las especialidades podían presentarse a la selección, total, muy pocos lo terminaban; adentro del bus, con los ojos sorprendidos por las instalaciones carentes de comodidades, no al menos como estábamos acostumbrados en la Escuela, un grupo de mi promoción y yo nos comprometimos a postular y recibirnos de Demoledores Submarinos y ser élite dentro de las Fuerzas Armadas. Aun no sabíamos lo que era difícil en ese momento, éramos muy jóvenes y nos sentíamos capaces de todo, se había abierto todo un nuevo mundo para mí, con infinidad de posibilidades.

La etapa de estudio continuó su programa, nos teníamos que especializar en Criptografía o Contrainteligencia. Al término de los cursos básicos de inteligencia pura, y haber estudiado la criptografía, decidí por calificarme en Contrainteligencia, era demasiado activo como para atornillarme en una silla y pasar horas de horas descriptando códigos, no era lo mío, en cambio la contrainteligencia me daba la oportunidad de trabajar en el campo, como decía mi instructor, tipo "James Bond".

Tenía 19 años y ya era de Inteligencia pura y calificado en Contrainteligencia, estaba haciendo carrera. El trabajo en el campo de los Contra, era fascinante, trabajar encubierto, tomando diferentes identidades para pasar desapercibidos en una misión de seguimiento e investigación, era como un guion sacado de las películas de espías, y aún continuaban nuestras evaluaciones y estudios, todavía no me recibía de Oficial de Mar.

Ya instalados en la Estación Naval, y designado nuestro alojamiento, cada grupo se dirigía a sus respectivas clases, en las calificaciones o especializaciones que habíamos elegido, en ese ínterin, ocurrió un hecho que saco de mi grupo el llamado del compañerismo, resulta que teníamos a un integrante más antiguo, ya que él había hecho servicio militar como marinero y era boxeador de los guantes de oro, un campeonato de box nacional muy famoso y reconocido, bastante fornido y más alto que el promedio, uno de mis compañeros, bajito y menor que todos, era muy hostigado por éste fulano, pero no contaba con que nuestro grupo se cansaría de ese abuso y una noche, se retrasó en el casino, llegando un poco tarde a nuestra cuadra, y como su cama estaba en una de las posiciones intermedias y abajo, tenía que caminar hasta la mitad de la hilera de camarotes para acostarse, antes de que llegara a su cama, de la parte superior de los camarotes le echamos un par de mantas encima y le caímos con todo, el caso es que lo sacamos desmayado y sangrando a la pista para que la guardia lo encuentre, no volvería a meterse con nadie más débil que él.

Cuando se hicieron las investigaciones, nadie dijo nada y la victima tampoco acusó a nadie, así que ahí termino todo, con la advertencia de que una acción similar más, nos propondrían para la expulsión; de alguna manera, éste compañero se averiguó de que era yo el cabecilla, así que gastó bastante tiempo en buscar un momento a solas para partirme en dos, cosa que lo podría hacer, pero nunca le di la oportunidad, siempre me adelantaba a sus intenciones, era especialista en escabullirme y detectarlo con bastante anticipación, además yo era campeón de 100 metros planos, no era rival para mí en carrera, hasta el día hoy somos buenos amigos (me gané su respeto cuando me recibí de Demoledor Submarino, y encima el único de toda la promoción en conseguirlo)

CAPITULO III

GRUDES

Hasta ése momento, distraído y aprendiendo cada vez más en mi campo, el comandante de mi unidad, unidad que estaba fuera de cualquier base naval, en una casa como cualquiera, de varios pisos y que fungía de Empresa, me manda llamar enseñándome un mensaje con carácter de obligatorio, indicando una fecha y hora de presentación para la selección a los postulantes de la Escuela de Demolición Submarina, me da una reprimenda por el hecho de no haberle comunicado de mi intención de ser un Demoledor Submarino, hasta ése instante tampoco yo lo tenía presente de tan distraído que me encontraba en el campo operativo de Contra Inteligencia, así que me tuve que presentar a los exámenes de ingreso, topándome con muchos de mi promoción de Inteligencia y mi grupo especial de amigos, ahí me enteré de que ellos me habían inscrito, sabían de mis intenciones de pertenecer a ése grupo especial, y cuando les llegó la circular sobre la postulación, no dudaron en inscribirme, porque también sabían que yo estaba trabajando en el campo, y no tenía acceso a los mensajes de la red naval, también sabían de que el comandante a cargo de mi unidad nunca lo permitiría, los contra tenían fama de inamovibles.

Nos movilizaron a todos los postulantes en las unidades de transporte naval, buses con capacidad para 50 tripulantes en su interior, proveníamos de todas las unidades de la Marina, Infantes de Marina, Inteligencia que era nuestro caso, mecánicos, electricistas y de casi todas las especialidades que componían las unidades de nuestra Marina de Guerra.

Previo a la movilización de presentación, nos habían alcanzado los requisitos para ir preparados, básicamente consistía en superar los mínimos de resistencia física en carreras, determinada cantidad de ejercicios físicos a pie firme, como planchas, abdominales, barras, paralelas y pasamanos, etc. Buceo a pulmón y natación.

Nos formamos en el patio del cuartel de los GRUDES, que tan solo era una porción de terreno relleno, porque toda el área había sido ganado a una inmensa porción de pantano, fuimos llamados por orden alfabético y procedimos con la rutina de evaluación individual, cada postulante era controlado por un instructor, no tenían muchos, por eso es que demoramos todo el día en esto. Era una unidad de reciente creación, no más de 9 años, luego nos dirigimos a una piscina que estaba fuera de estas instalaciones, para la evaluación de natación y buceo, todas eran descartables, no cumplías con el mínimo y afuera, sin lugar a reclamos ni reconsideraciones, todos éramos de carrera, así que solo tomaban sus cosas y a su unidad de origen, listo.

De 850 postulantes solo ingresamos 100 (eran todas las vacantes por cubrir), dentro de los cuales éramos 30 de Inteligencia, de mi promoción y uno que otro más antiguos que nosotros. Sabíamos que era un curso que duraba 9 meses, pero había una primera fase, que se trataba de 10 semanas de duro entrenamiento físico y mental, para poder llegar afinados y poder pasar a la semana 11 o la semana del Infierno (aunque creo que el infierno era un campo de vacaciones comparado con lo que se venía).

El primer día nos dieron el equipo de alumno, que consistía en un par de uniformes verde oliva, un par de polos blancos y un solo par de borceguíes o botas de cuero de caña alta, para mi mala suerte no habían de mi talla y me dieron dos tallas más grande, así que se imaginaran el sufrimiento de mis pies, sobre todo cuando se llenaban de agua y arena, lo que sucedía muy a menudo.

Completaba la indumentaria un casco de fibra de vidrio verde con mi número, alumno N°31 Promoción XI, nadie se dirigía por nuestros nombres o grados, tanto oficiales como personal subalterno, solo éramos identificados por números.

Fuimos distribuidos en las diferentes barracas o cuadras como las llamábamos, se nos asignaron los casilleros respectivos con las indicaciones de prevención y cuidado del material asignado.

Una vez uniformados y haber pasado por la peluquería para tener un corte adecuado al alumno (otra vez) procedimos a formación en el patio interno, donde fuimos presentados a la plana de instructores y Jefe de curso, aunque parezca mentira, de un plumazo mi mente había borrado todo lo referente a Inteligencia, solo estaba enfocado en el nuevo reto frente a mis ojos, no existía más, recorro con una mirada a todos mis compañeros y veo la misma determinación.

Recibimos charlas sobre las semanas de entrenamiento, la campana que nos acompañaría todo el curso, que sería tocado por aquellos que no podían seguir y renunciaban para regresar a sus unidades de origen, me prometí que yo jamás tocaría esa campana, primero muerto.

"Calidad, no cantidad"

La plana de Instructores y el Jefe de Curso, en ese entonces el Teniente, no recuerdo si segundo o primero, el "Negro" Castro. Un excelente oficial y camarada.

Nunca teníamos descanso, salvo en las noches, iniciábamos el día a primera hora de la madrugada con entrenamiento físico total y brutal, ejercicios varios con cuentas de nunca acabar, pista de combate, agua, arena y más ejercicios, carreras de cortas y largas distancias, nunca conocí las medias distancias. En las primeras semanas empecé a sentir la tristeza de ver renunciar a los compañeros que me habían metido en esto y ellos no soportaban continuar, tocar la campana era una afrenta, una humillación, pero lo hacían porque el curso sobrepasaba sus fortalezas, nunca podré juzgarlos, hicieron lo que pudieron, pero con ganas no basta, yo jamás haría eso, era mi sueño y lo conseguiría.

En la tercera semana solo quedaban las tres cuartas partes del alumnado, aun me acompañaba un grupito de Inteligencia, para la sexta ya con entrenamientos en botes e incursiones en la mar, nos habíamos reducido a solo 11 integrantes, y sólo yo de Inteligencia, de mi promoción, ya que había otro, pero más antiguo que yo, y era su segunda vez.

No era para menos, el esfuerzo físico, la presión psicológica que imponían nuestros instructores, era muy pesada, la natación de grandes distancias eran terribles, ya no podíamos contar las vueltas que dábamos en la piscina, eran cientos de vueltas, por Dios, nos tenían que empujar como peces amaestrados para continuar con el rumbo, ya no sabíamos cuál era la dirección y línea correcta, perdíamos la noción del tiempo, de la dirección y seguíamos adelante, ya insensibles al frio o cualquier otra cosa que no sea terminar la tarea, de avisarnos, se encargaban los instructores, nosotros ya no sabíamos ni nuestros nombres, solo nuestro número.

Nos enseñaban a no rendirnos jamás, a ir más allá de todo limite, aprendíamos a sacar realmente nuestra esencia como ser humano, que nuestro cuerpo era y es una maravilla, nunca hubo obstáculo que no pudiéramos sortear, mental y físicamente.

Lo soportamos todo, creo que ya estábamos preparados para continuar, los pocos que quedamos seguíamos sin detenernos a pensar en si teníamos un futuro, nuestro presente de por sí ya era bastante complicado.

Una de las mejores cosas, es que no había distingos ni diferencias entre el personal de oficiales y subalternos, tan marcados en otras unidades, solo en la nuestra no existía eso, el entrenamiento era para todos sin excepción, nos hizo trabajar en equipo, entender que todos sufríamos y pasábamos por lo mismo, nos hermanó de una manera muy fuerte.

Terminada las semanas de entrenamiento, nos preparamos para el inicio de la semana del infierno, tan temida y respetada (terminarla era solo el comienzo de la verdadera instrucción como demoledor) el fin de semana, antes de la semana infernal, fui a casa, nadie sabía en lo que estaba metido, mis hermanas prepararon un molde de queque por primera vez en sus vidas y me lo dieron para que lo lleve al cuartel, era una forma de demostrar su cariño y preocupación por mí, se redujo a su mínima expresión, y lo puse dentro de mi casillero en la base.

Creo que sólo se puede pasar una vez en la vida ésta semana, el esfuerzo físico y psicológico son extremos, pero habíamos pasado 10 semanas sin piedad, esfuerzo físico sumamente exigentes, nos habían enseñado que el cuerpo es solo un instrumento, que la mente lo es todo, y es cierto, logras separar tu cuerpo de la mente, ves increíblemente como tu cuerpo sufre, tiembla, está hecho pedazos y sigues, lo disocias, llegas al límite de ver y no sentir, empecé a entender porque éramos élite, lo mejor de lo mejor, no cualquiera puede hacerlo, la presión psicológica es peor, en todo momento te conminan a abandonar, que no es justo que sufras tanto para nada; pero también hay lugar para el aliento como cuando un instructor te ve desfalleciente y te dice "tú lo lograras, tienes madera, sigue así, los demás no tienen tu voluntad".

Un día Lunes, a las 03:00 de la madrugada dio inicio a la semana infernal, nos despertaron con una bomba de humo de color rojo, toxico, que nos empujó fuera de los camarotes en un minuto, todos fuimos a la cama con los uniformes puestos; afuera en el patio nos esperaban los instructores, con el Jefe de la base , nosotros en posición de plancha, no podíamos mirarlos y con una manguera nos regaban como plantas necesitadas de ello y con bastante sed, no podíamos pasar un momento secos, nos iban indicando que la semana debía de transcurrir con tranquilidad, esperando ver en nosotros un gran trabajo en equipo, la culminación de todos, que terminar esta semana radicaba en eso, esfuerzo conjunto, estábamos a orillas del mar, el frio era bastante, pero aun así, nos remojaban con qué gusto, iniciamos toda una rutina completa de ejercicios en el patio de entrenamiento que no era más que un tabladillo, en donde el instructor dirigía los mismos y nosotros en un terraplén apisonado para que no crezcan las hierbas, nos rompíamos el lomo para seguir las secuencias.

Recordé que al momento de enlistarnos para el curso, que era voluntario por supuesto, nos hicieron firmar un documento que, en caso sucediera un desenlace fatal durante el mismo, la Marina no se hacía responsable, porque al ser voluntario, yo asumía con las consecuencias, no dudé pero ningún segundo en firmarlo. Hasta ese extremo eran mis ansias de pertenecer a esta unidad, claro que su costo era muy alto, lo demostraba que ya el 89% habían renunciado.

Se cambiaron los horarios, el día era de noche y la noche era de día, no dormíamos, no nos detuvimos para nada, no recuerdo si hacíamos nuestras necesidades fisiológicas, creo que hasta eso se detuvo, después de tres largas horas de ejercicios físicos procedimos a tomar desayuno, se había condicionado una hilera de ollas con bebidas, llámese quaker, café o té, unos panes con camote frito, jamonada o queso, nuestras gamelas estaban llenas de esto, porque teníamos verdadera hambre, el problema fue que solo nos dieron unos pocos minutos para ingerirlos, a una orden tuvimos que desechar todo en unos cilindros de metal y a la carrera, no caminábamos por nada del mundo salíamos en carrera con los botes BIJ (bote inflable de jebe) a la cabeza, con un instructor encima a modo de cowboy, si por alguna casualidad se caía, o tambaleaba nos caían con todo, hacíamos de oruga en la arena, carreras por la playa, atacábamos el mar cada cierto tiempo, el remo era tu vida, subíamos cerros de arena con el bote sobre nuestras cabezas, no podía tocar el suelo, luego venia el "descanso", cargar un enorme poste de madera que le decíamos "torito", pesaba una barbaridad, lo transportábamos sobre nuestros hombros, a la carrera, hacíamos abdominales con el cargado en nuestros brazos y varios instructores a contraparte, empujando en sentido contrario, series interminables de abdominales, más agua, mas arena, nuestros almuerzos los ingeríamos en la salida o desembocadura de las aguas servidas en una parte de la costa, eran alimentos enlatados, con comida infame, latas oxidadas, y en medio de todo ese hedor alrededor nuestro, solo sobresalían nuestros hombros, lo necesario para coger la cuchara y comer, todo era rápido, a seguir corriendo o caminando con el bote a la cabeza

DETERMINACION

Se deben asumir los retos difíciles con profesionalismo y decisión

ESFUERZO

El dolor es una buena señal, puesto que te avisa que aún no estas muerto

Cuando dejábamos los botes iniciábamos un reconocimiento en el pantano, el barro negro y podrido nos permitía un avance lento, el problema era cuando veíamos un hilo de humo en nuestro camino, sobre el agua fangosa, era un explosivo sin esquirlas, pero que te sacaba del agua si detonaba cerca de ti, ni que decir si lo hacía debajo, volabas a varios metros y acababas sin pantalón ni botas, menos mal que a aquellos que les tocó probarlo, pudieron tener descendencia, tal es el caso del alumno número 2, un oficial de gran estatura, yo iba delante de él, en medio de la corriente de agua, fétida y negra por el barro podrido que pisaban nuestras botas, avanzar era sumamente difícil, sentía como chupones que succionaban hacia abajo, cuando de pronto volteo y observo que trata de avanzar más rápido de lo normal, y le seguía un hilo de humo blanco , muy cerca de su espalda, me obligo a apresurarme dentro de lo posible, en eso escucho una fuerte detonación y al voltear veo que mi compañero vuela por los aires, para caer unos 5 metros fuera del riachuelo, sobre unos totorales o matorrales, para donde fueron corriendo un grupo de instructores, yo tenía que continuar, nada se detenía si ocurría un accidente como este, no podíamos hacer ni ayudar en nada, también debíamos seguir esquivando las demás cargas que nos seguían en la corriente abajo, para eso había todo un equipo de apoyo en el que se incluía un enfermero, pasada la etapa de caminata en pantano, nos dirigimos hacia el lugar en el que "aterrizó" el alumno número 2, que ya se estaba recuperando, y le traían un par de botas de repuesto, con la explosión perdió ambas.

El primer día llegaba a su ocaso, pero seguíamos en la misma rutina, más esfuerzo físico, en la orilla de la playa, luego nos arrastrábamos hacia el mar, en donde hacíamos planchas, con las luces de la ciudad de fondo, dando la espalda a las olas, cuya fuerza reventaba en nuestras nucas, horas de horas, y ni un achís, nada, aunque en la semana del infierno estaba prohibido enfermarse, era causal de baja y retiro del curso sin miramientos, en todo el desarrollo del mismo, solo se permitía una ausencia de 24 horas por prescripción médica, en 9 meses, ---sí que nos incentivaban a no enfermarnos---.

Teníamos armados 5 carpas personales dobles en el pantano, como éramos 11, uno quedaba fuera, así que al instalar los turnos de guardia, uno por carpa, el tiempo se dividía de 1 minuto de descanso por un minuto de servicio, pero en ese minuto se tenía que informar al entrante todas las novedades ocurridas en el lapso del servicio, como cuantos zancudos habían en las inmediaciones, cuantos instructores, cuantos alumnos, cuantos botes, cuantos remos, etc., incluido el remo que tenía cada uno como arma, el asunto es que no se durmió ni un segundo el primer día. La cena consistió en una lata de crema de pallares, galletas de agua, durísimas y una pieza de chocolate, y listo.

El segundo día, más de lo mismo, ejercicios físicos y un desayuno a la carrera, habíamos pasado un primer día completamente exhaustos, mojados permanentemente, carreras con el bote sobre la cabeza, patrulla en pantano, los zancudos eran nuestros fieles compañeros, ni nos picaban, pero nos aturdían con sus zumbidos, mas natación, supervivencia en la mar con uniforme completo, un par de horas terribles, cero calorías, mas arena, escalada de rocas, disparos y más explosivos, era una fiesta total, el acarreo de bote sobre la cabeza en roca era lo más difícil, nuevamente atacábamos el mar, con las olas cada vez más furiosas, parecía que entendían que nos estábamos preparando para vencerlo, y nos hacia las cosas más difíciles a cada momento, recibíamos charlas de diferentes materias, que hasta ahora no recuerdo de que eran o de que se trataba, ya no podíamos tener el 100% de atención, nuestro cuerpo estaba bastante maltratado y el frio era inmisericorde, no teníamos apoyo médico ni nutricional, menos un psicólogo que haga seguimiento para ver si nuestra mente estaba en su lugar, solo un enfermero que se dedicaba a paliar ciertas heridas sin importancia, pero muy buen soporte emocional, era un compañero y amigo que había acompañado a varias promociones en estos cursos, y sabía lo que necesitábamos, muy discreto, nunca nos mencionó ninguna forma de sobrellevar el entrenamiento, solo nos decía "recuerden que sus instructores también pasaron por esto, así que si ellos lo pudieron hacer, ¿Uds. por qué no?" ¿acaso necesitábamos más aliciente que ese?.

Carrera de 6 millas antes del almuerzo, nos llevan hacia la desembocadura del desagüe que estaba al costado de un muelle, antes de llegar, nos tiran al suelo y debemos llegar rampando, arrastrándonos por la tierra, y al llegar, debemos ingresar al gran charco de aguas servidas, cruzar buceando hasta el otro extremo y luego tomar posición en el centro del charco, rodeado de toda la porquería y desechos inimaginables, el brigadier se acerca a la orilla y se encarga de recoger las latas de alimentos que consistía en una de sopa, con una de frejoles, tenemos que comer, necesitamos energía y calorías,

Muy bien, necesitábamos recuperar nuestra atención, era el tercer día y sin dormir, seguía la presión física, pero había materias que resolver, teníamos que demostrar que bajo esas circunstancias podíamos pensar y armar una patrulla, seguir las ordenes y desarrollar planes operativos, en fin, el brigadier era un oficial muy delgado y campeón de maratón, la estaba pasando muy mal, sus calorías no le acompañaron mucho, los que teníamos un poco más de peso, tolerábamos mejor el frio, encima las carreras y las rutinas de ejercicios eran extenuantes y se llevaban cada vez más nuestros arrestos físicos, pero seguíamos, el flaco brigadier era un ejemplo a seguir, cara de loco, sus ojos verdes sobresaliendo como un poseído, pero nos lideraba muy bien, no podíamos fallarle, nos mantenía unidos, nos lideraba en todo momento, mi brigadier el loquito Padrón.

Nos visitó un oficial de la promoción anterior y que era Navy Seal, de los EEUU, nos apadrinó este día, era una rutina preestablecida, ya que nuestro jefe de curso o instructores no nos podían acompañar las 24 horas, empezó con una carrera larga en arena a todo lo largo de la costa, en Ventanilla, luego vinieron los ejercicios a pie firme en una especie de balcón de piedra antiguo que existía en ese litoral, el sol era muy fuerte, así que turnábamos los ejercicios con ataques al mar constantes, y en un momento nos hizo poner en posición de planchas y no nos ordenaba levantarnos, nos quedamos dormidos por 10 minutos, era el tiempo de sueño que nos habían regalado el tercer día de la semana del infierno, no nos dimos cuenta, cuando nos despertaron a punta de agua y gritos, nuestros cuerpos reaccionaron de inmediato, ya estábamos en la salsa, nuestros cuerpos lo sabían, ésa noche volvimos a la base, a pasar la noche en el campamento que teníamos armado en el pantano, nuestras carpas de campaña, pequeñas, cada turno de guardia lo hacíamos por carpas y nos relevábamos cada minuto, con las consignas de cuántos zancudos, cuántas moscas, cuántos instructores y en dónde estaban, material que estaba a nuestro cargo y la conformidad de todo ello, conclusión: más de lo mismo, nunca llegamos a pegar un ojo; el único alumno que estaba fuera de los pares se relevaba a sí mismo, era increíble. Y ahí entró a tallar el queque de mis hermanas, me salvaron la vida mis queridas hermanas sin saberlo.

Para el cuarto día, ya con apenas arresto físico y mental, me acordé de lo que mis hermanas me habían obsequiado, y busqué la forma de escabullirme a mi casillero, en donde cortaba trozos con la mano y lo engullía de un tirón, porque si me encontraban haciéndolo los instructores, me hubieran torturado hasta vomitarlo. También llevaba un poco para mi compañero más cercano, no importaba quien fuera, ya éramos hermanos, sin excepciones.

El cuarto, quinto y sexto día, no fueron distintos a los primeros, con una sola excepción, en el quinto día nos llevaron a un aula, pusieron el cuarto en semi penumbra con música relajante de fondo, estábamos tan extenuados que nos hubiéramos dormido en el acto, pero los instructores revoloteaban alrededor nuestro y pobre de aquel que siquiera mostrara un asomo de pestañeo, lo masacraban. Nos entregaron un papel y un lápiz, para escribir el motivo de estar en la Marina, tenía que ser legible y coherente. Nos dieron un tiempo mínimo para hacerlo y empezar la tarea, se ausentaron por breves minutos y a aquellos que fueron sorprendidos cabeceando (algunos se habían chorreado al suelo) los sacaban del aula para hacerles una rutina de "despierte hombre".

En una de las rutinas de remos en el mar, encima de un bote BIJ, nos pasábamos toda la trayectoria recogiendo a los tripulantes porque nos dormíamos en el trayecto, y de cabeza al agua; los que podíamos mantenernos, los rescatábamos, no estaba permitido perder un solo remo.

Lastimosamente dos de nuestros compañeros renunciaron, fue muy doloroso, haber llegado hasta ese momento, casi para cerrar la semana, y se retiraban, nunca supimos qué pasó por sus mentes, tampoco los volví a encontrar en mi trayectoria en Marina para preguntarles por sus razones, nunca lo sabré.

Estábamos en el séptimo día, sentíamos como una energía renovada, nos habían advertido que en el último tramo, deberíamos encontrar un papel, no más grande que la palma de una mano, escondido quien sabe dónde, con un escrito en letras rojas "fin de la semana del infierno", nadie nos diría en donde encontrarlo, nos preparamos para caminar por el medio del rio Rímac, río que estaba muy cerca de nuestra base, subimos caminando unos 3 km. Bajamos hacia él y nos posicionamos en el medio, mirando hacia la desembocadura del mar, no importando la fuerza del agua que en todo momento trataba de hacernos caer, si en ese trayecto no encontrábamos el bendito papel, cogeríamos las aletas de combate, que estaban amarradas en nuestra cintura y atacaríamos el mar, nadaríamos 8 millas náuticas y la semana del infierno continuaría, así de simple; de solo imaginar la continuación, era para salir corriendo y no volver nunca más, ya no teníamos arresto físico, nuestros cuerpos estaban llagados, un oficial que era muy blanco estaba con los pies destrozados, no quería ponerse los borceguíes, era mucho dolor, tenía 1.85 por lo menos, cuando bajamos por el río tuvimos que cargarlo entre dos, yo que medía 1.65 a 1.68 y mi compañero que medía 1.60, dos pinches lagartos con semejante cocodrilo a cuesta, lo que el compañerismo hace.

El caso es que bajamos el río, lleno de piedras y luchando para que la corriente no tumbara y revolcase nuestros cuerpos miserables, cada metro que avanzábamos, sin encontrar el bendito papel nos acercaba a la continuación de la semana, no habría apelación, ---lo sabíamos---, enviamos a dos de nuestros compañeros para que durante la bajada inspeccionen las riberas, llenas de arbustos, donde fácilmente podrían haber escondido el papel de nuestra salvación, nada, continuamos la caminata y se veía la angustia en nuestros ojos, ya veíamos las olas de la rompiente, se nos acababa el tiempo y la distancia, nuestro cuartel estaba al costado del río.

A pocos metros de la desembocadura hacia el mar, cuando faltaban unos 50 metros para llegar al mar, uno de los “ribereños” se nos acercó silenciosamente y con lágrimas en los ojos, aun en medio del río, y nos muestra el papel que había encontrado en unos matorrales, "fin de la semana del Infierno", nos reunimos todos en el centro del río, nos abrazamos y derramamos lágrimas de hombría, por el objetivo alcanzado, nunca podré sentir más emoción en toda mi vida que el de ese momento, lo juro.

Nos tuvieron que sacar del agua, fuimos en carrera hacia el cuartel, en donde nuestro jefe de curso y el jefe de la base, con manguera en mano, nos esperaban para felicitarnos por el logro, en posición de plancha y regados como siempre, sólo habíamos pasado la semana del infierno, de 100 hombres que la iniciamos, solo quedábamos 9, así que, no era ningún logro, todavía quedaban muchos meses más de curso.

Una vez juntos, bien bañados y secos, un bus nos esperaba para llevarnos a cada uno de nosotros a nuestras respectivas casas, nunca iban a permitir que tomáramos transporte público o que condujeran sus propios vehículos, donde pusiéramos el culo, ahí nos dormíamos.

Llegué a casa, mi pobre madre no podía creer en lo que me había metido, saqué de la maleta mi uniforme aún mojado y apestoso de mi semana del infierno, y me fui a la cama, 24 horas de corrido, creían que estaba muerto, mis hermanas verificaban que seguía respirando, en fin, gajes del oficio.

Descansamos sólo dos días, al tercer día volvimos para continuar el curso, las exigencias físicas eran las mismas, pero iniciamos la capacitación tecnológica, las pruebas seguían siendo descartables, si no aprobabas en una, estabas fuera, así de simple, prohibido enfermarse, ---era un chiste-

--, si no te enfermaste en la semana del infierno, era imposible que lo hicieras después, eras inmune a todo, incluso a la presión de tus instructores. Estaba en mi mundo, era lo que siempre quise, maravilloso.

La primera fase constaba de operaciones en tierra, patrullaje en desierto, selva y montaña, pero no se descuidaba el continuo entrenamiento en el mar, el agua era nuestro primer elemento. El aprendizaje de las técnicas de patrulla eran muy exigentes, establecer planes de trayectoria, utilizar elementos de apoyo como información de inteligencia (era especialista en ello) sistemas de navegación terrestre e inclusive cómo orientarnos sin estas ayudas; teníamos que ser capaces de andar y llegar al objetivo utilizando todas las herramientas para ello, sólo nos importaba la Victoria, no había cabida para la derrota.

Nos enseñaron la lectura de mapas, orientarlos correctamente en el terreno en el que nos desenvolvíamos, utilizar cualquier medio para transportarnos, y tener la capacidad de camuflarnos con el entorno, la composición de las patrullas y pelotones de combate, la función de cada elemento integrante, desarrollamos capacidades impensables, pero éramos fuertes mental y físicamente, soportábamos largas marchas con equipo completo encima, promedio de 30 Kilos, no nos importaba, podíamos eso y mucho más, instrucción en armamento, armado y desarmado con los ojos vendados, con tiempo, todo lo que teníamos a nuestro alcance, éramos tiradores formidables, nuestros promedios no bajaban del 95%, la defensa personal era pan de cada día, fuimos instruidos a luchar con las manos desnudas, con arma blanca, el Karate, el Judo y el Kung Fu eran unas herramientas más en nuestro arsenal.

Los sistemas de radio comunicación y las técnicas de camuflaje eran cursos muy atractivos, cada vez aprendíamos más, entendimos que la comunicación era crucial, nunca podíamos perder la cadena de comando, nos preparaban constantemente para la guerra, el uso de explosivos, toda una cátedra de estos elementos, el uso constante de armas con municiones reales, explosivos y explosiones constantes, nos formaron el carácter y temple para enfrentar cualquier acción real de combate.

Los largos periodos de patrullaje por el desierto, montañas y selva nos preparaba para todos los escenarios posibles de guerra convencional, el país del Norte nos hostilizaba constantemente, el del Sur nos amenazaban con probables hostilizaciones armadas, nuestro país tenía muchos retos y amenazas que cubrir, y nos preparábamos para cuando nos necesitaran, nunca pensamos en política ni en sacar ventajas de cualquier tipo por nuestro accionar, solo queríamos servir a nuestra patria, desinteresadamente.

Dentro del currículo de instrucción estaba el aprobar el curso de Aerotransportado en la Escuela de Paracaidista del Ejercito, era un requisito ineludible, así que nos preparamos para seguirlo y obviamente aprobarlo, sabíamos que los del ejército no nos querían y siempre buscaban que botar a la mayor cantidad de marinos que se atrevían a seguir un curso que sólo era para terrestres, era una especie de encono, no les gustábamos, menos los GRUDES, hasta el momento todos sin excepción habían sobresalido en estos cursos, nosotros en tanto, teníamos que ser sí o sí paracaidistas, era uno de los medios de inserción dentro de nuestro accionar, así que tampoco dejar ese curso era una opción; y fuimos, 9 hombres con un entusiasmo rebosante, nunca lograrían rendirnos.

Cuando iniciamos el curso en la División Aerotransportada del Ejército, nos dieron una bienvenida realmente fuerte, algunos miembros del mismo ejército y de Infantería de Marina renunciaron en la primera semana, para nosotros era una diversión, la rutina era muy extenuante, pero para un sobreviviente de la semana del infierno, esto era una pera en dulce, la presión en las técnicas de salida, de equipamiento, de aterrizaje eran constantes, los castigo físicos se superponían uno tras de otro, pero nada nos amilanaba, supimos casi de inmediato de que era para nuestro bien, nos estaban preparando para ser un buen paracaidista, para poder enfrentar cualquier adversidad que surja en el aire, que eran muchas, como por ejemplo, de que no se abriera tu paracaídas principal, que uno de tus brazos se quede enganchado en las líneas, que tu paracaídas se abra con problemas por una mala apertura, los mae west eran bastantes (cuando una línea del paracaídas cruza por el medio del hongo que forma el velamen o tela del paracaídas y lo hace como si fuera un inmenso brassier, fué bautizado así por una actriz de prominentes senos), te hacia entrar en giros que no podías controlar y si caías a tierra con ese defecto, te partías las dos piernas, la columna o te desnucabas, los charutos ni hablar (era como un cigarro, las líneas se habían amarrado a todo lo largo del velamen y hacia que cayeras como una piedra) entonces cada duro entrenamiento era para salvar nuestras vidas y obviamente la misión.

Las salidas interminables por las puertas de aviones simulados en tierra, en la posición correcta de Yevi, (posición que se formaba con los tobillos juntos, las rodillas ligeramente flexionadas, la barbilla pegada al pecho y los codos pegados al cuerpo con las manos encima del paracaídas de reserva, que contenía un gancho de apertura manual, que en caso de emergencia, podíamos tirar de él y abrir el paracaídas auxiliar). Los aterrizajes implicaban una técnica especial, que consistía en tocar tierra con los tobillos juntos y las rodillas ligeramente flexionadas, como una especie de muelle, para luego hacer un giro y caer con un lado de nuestro cuerpo, siempre con la barbilla pegada al pecho, para evitar desnucarnos.

Entonces incidían en la preparación de nuestros cuerpos, la automatización de los gestos, en donde nos encontraran, nos daban la orden de "Yeviii" y empezábamos a saltar como ranas y a contar hasta los 3 segundos, deshacer la posición y verificar el velamen, era una práctica de salida del avión, y estando en el aire, verificar que todo esté en orden, la vida se nos iba en eso, ya que de observar algún inconveniente, teníamos solo 2 o 3 segundos para accionar el paracaídas de reserva, una vez que teníamos dominado estas técnicas, seguíamos con la suspensión, era un galpón en donde colgábamos de los arneses, si no lo teníamos bien ajustado, el golpe entre las piernas era muy duro, y cuando dejábamos de estar en movimiento, los monitores (instructores) se colgaban de nuestras piernas, parecía que querían descuartizarnos, a veces cruzaban un palo y varios se colgaban de él, bastante duro pero, gajes del oficio.

Continuamos y ya preparados en conocer todo lo referente al equipo a usar, su funcionamiento, sus técnicas de aplicación, pasamos a la torre de salto, era una armazón de unos 5 pisos, que contenían unas tres hileras de cables, que se fijaban a un extremo de unos 150 metros, estaban colocados en forma paralela, tanto para simular salto en rampa y en puertas paralelas. Lo que ocurre es que los del Ejercito utilizaban aeronaves con rampa posterior para sus saltos y nosotros solo puertas laterales, ellos usaban los aviones Hércules, Antonov y Búfalos, nosotros en cambio utilizábamos nuestro viejo C-47, de la segunda guerra mundial y los nuevos Focker.

Era la penúltima semana de 4, el curso en si duraba todo un mes, como repito, curso obligatorio dentro de nuestra carrera de Demoledor Submarino.

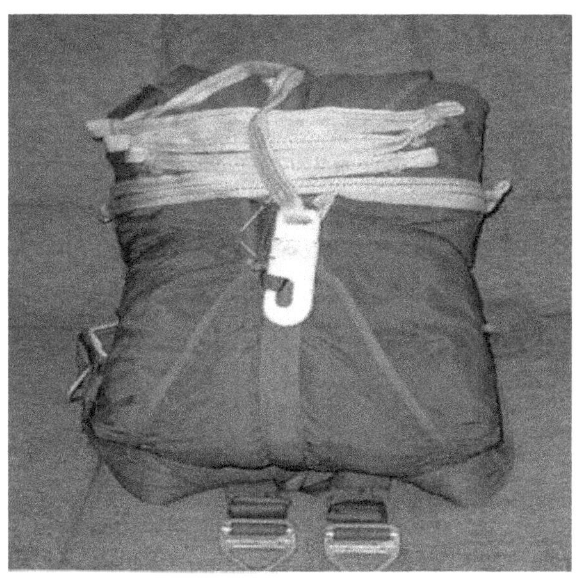

Si no me equivoco realizamos un promedio de 40 saltos en torre, cada día un promedio de 5, porque en cada salto nos indicaban nuestras falencias o aciertos, aunque las falencias eran mayoría, y ya nos acercábamos al gran día de nuestro primer salto, había nervios, claro que sí, curiosidad... mucha, nos contaban anécdotas de qué se siente durante tu primer salto, hacerlo al vacío no dejaba de intimidar un poco, tratábamos de no pensar en las consecuencias, nos concentrábamos en las soluciones de tener algún percance, nuestro curso de GRUDES era primordial, y por sobre todas las cosas, nunca, pero nunca, podríamos hacer quedar mal a nuestro Grupo, así que el salto seria solo una anécdota más, un logro más en los peldaños que necesitábamos escalar para llegar a nuestro supremo objetivo.

El día del primer salto llegó, día soleado, con todas las condiciones climáticas a nuestro favor, el sitio de aterrizaje era una franja de arena llamada lomo de corvina, por su geografía, parecía el lomo de un pez llamado Corvina, y los cursos siempre se realizaban en esa zona, porque reunía las condiciones para un aterrizaje suave, sobre todo para los principiantes como nosotros, en esto del paracaidismo.

Nos entregaron los paracaídas envueltos por los especialistas del departamento DRAPLA de la unidad, nosotros solo revisábamos superficialmente el mismo, nos equipamos y tomamos los camiones que nos trasladarían al aeródromo cercano, en la última semana, sólo nos dedicamos a realizar los saltos necesarios para graduarnos. El primer salto lo hicimos en un avión Búfalo con rampa trasera, impresionante, el maestro de salto, quien estaba y era responsable de toda la tripulación, alumnos y avión incluido, nos inspeccionó los equipos junto con su auxiliar, y permanecía en contacto con el maestro de salto en tierra que ya estaba en la zona de salto, muy eficientes, entrecruzaban información de la velocidad y dirección de viento con efecto en la dispersión de los paracaidistas, nos enumeramos e indicamos que estábamos listos.

Empezamos a subir por la rampa en columna de a dos, saltaríamos en ese orden, una columna a cada lado, salto masivo, nos sentamos en las sillas plegables y fijas en el fuselaje, eran de aluminio con tiras de nylon para sentarnos, una vez cerrada la rampa, el avión inició la carrera para el decolaje, era la primera vez que subía a un avión y para colmo de males no iba a aterrizar con él, tendría que salir fuera de él a 400 metros de altura (1,200 pies), el ruido de las ruedas corriendo por la pista era intimidante, el zumbido de los motores, acelerándose para poder tomar potencia y elevarnos, era ensordecedor, todo temblaba y luego el silencio, la quietud y la sensación de estar flotando, solo el silbido de los motores, saber que estábamos en el aire y subiendo nos tranquilizó, fue un vuelo corto, o al menos así me pareció, cuando el piloto le avisa al maestro de salto que ya estamos sobre la zona de salto, y que estemos atentos a las luces, en ambos lados del fuselaje interno, ---cerca de la rampa---, tenían un juego de luces, dispuestos como semáforos, y tenían los mismos colores , durante todo el vuelo estuvo en luz roja, empieza a bajar la rampa hasta ser horizontal, la ráfaga de viento que ingresó nos despabiló, el auxiliar del maestro de salto nos pone de pie y revisa los equipos, cada uno de nosotros hacía lo propio con el compañero de adelante, que las líneas estén libres de obstáculos, sin torsiones, empezamos la cuenta de cabeza, de atrás hacia adelante, el último hombre indicaba su número de orden, y de forma descendente, hasta el primero que saltaría, con la indicación fuerte y clara de ¡listo!. La luz ámbar se enciende y ya estamos listos en la rampa para saltar, con los ganchos prendidos del cable de ancoraje, solo en espera de la luz verde y la orden de nuestro maestro de salto para iniciar el primer contacto con el cielo y el vacío, sólo con la confianza puesta en la tela y la Fe en Dios, ni nos mirábamos, teníamos los ojos brillantes por la adrenalina, algunos rezaban, pero todos dispuestos a saltar, no había titubeos, nos habían preparado para eso.

Saltamos, fue increíble la primera sensación, como el salto era por rampa, era como saltar hacia una silla, los pies querían tocar la frente, cuando de pronto se abre el hongo de mi paracaídas, después de verificarlo, veo a mi alrededor, y solo veía alegría, entusiasmo, nos gritábamos por hacerlo de nuevo y muchas cosa más, indescriptible sensación, ya era paracaidista, lo había logrado, sin temores, el aterrizaje fue tal y como nos habían enseñado, de manual, con suavidad, nos pusimos de pie, dominamos al velamen que se había hinchado por el viento de tierra, pero nos habían enseñado cómo liberar un lado del equipo para que no nos arrastre, hubiera sido peligroso eso, lo enrollamos alrededor de nuestros brazos y caminamos hacia los camiones, que nos llevarían de vuelta a la escuela, para que los monitores nos den la evaluación de cada uno, sobre el comportamiento y qué nos faltaba para mejorar, la primera parte había concluido sin ningún tipo de observaciones, solo quedaba superar lo hecho.

Uno de los saltos lo hicimos en puerta lateral, con nuestro viejo C-47 Douglas, un avión bimotor con puertas laterales, habían sido famosos porque llevaron a miles de paracaidistas en el día "D" de la segunda guerra mundial, el caso es que el salto es totalmente diferente, cuando lo haces, y sales del avión, te puedes chocar contra el fuselaje, puedes quedar colgado de la cola del avión, y por ultimo quedar enganchado en la puerta golpeando el fuselaje con tu humanidad, lo bueno es que este avión ni se mosquea, son ultra estables y curados contra todo susto; al momento del salto caes de cabeza, hagas lo que hagas, caes de cabeza, por lo que el tirón durante la apertura te puede partir la clavícula si tus arneses están ligeramente flojos, sentirás como latigazo al momento de la apertura, pero nada que asuste, sólo que los del ejército juraron nunca más saltar de este avión, les gustaba sus unidades con rampa, cuestión de gustos.

El último salto, el de graduación era nocturno, lo hicimos desde un avión Búfalo, ya que los del ejército no deseaban hacerlo en nuestro avión, otro mundo, impresionante, cuando se abre la rampa es como que asomaras a un enorme vacío, todo oscuro, podíamos apreciarlo porque teníamos los saltos suficientes como para observar todo sin ningún apremio, apenas en la oscuridad divisamos una cruz de luces sobre el terreno en donde sería el lanzamiento, el equipo de tierra había señalizado la zona correctamente, el avión enfilaba su centro hacia la línea vertical, que era la más larga, se prende la luz ámbar, nos posicionamos en la rampa, cuando la vertical del piloto cruza la horizontal de tierra , enciende la luz verde y nos lanzamos, un poco desorientados al principios, todo era oscuro, hasta que visualizamos los vehículos con las luces encendidas, alumbrando una porción de terreno que era donde debíamos aterrizar, no calculábamos el suelo, no lo veíamos bien, así que desde la apertura ya estábamos en posición de aterrizaje, esperando el contacto con la tierra y realizar nuestro trabajo, aterrizar sin consecuencias.... hecho, fantástico.

Terminamos el curso, ya graduados con 14 saltos operacionales, el Jefe de nuestro curso GRUDES fue quien nos puso los distintivos o alas de paracaidista básico, también les decían brevete, lo ponían en el pecho de nuestro uniforme, y le pegaban con un puño para clavarlo en nuestra piel, era la tradición, ---dolorosa--- pero tradición, un peldaño más hacia pertenecer a lo mejor de lo mejor.

El paracaidismo militar tenía sus niveles, el paracaidismo básico era el que habíamos realizado, el siguiente escalón era el de Maestro de Salto, Caída Libre o Acomandado, y el último el de Orientador (éste curso solo era para personal de tierra o ejército, motivo por el cual no lo pude hacer, a pesar de mi trayectoria, más que suficiente), todos tenían sus dificultades y exigencias, sus propias características, y obviamente sus niveles de dificultad.

En el pull de instructores de GRUDES, había un personaje de altísimo nivel, se apellidaba como yo, pero solo había llegado a ostentar el brevete de Maestro de Salto, en una tertulia de relax, le hice la pregunta de rigor, yo ya era paracaidista, sabia de los niveles y conocía de su capacidad, ¿porque no siguió escalando hasta Caída Libre? La respuesta fue, que en su último salto de Maestro de Salto, para graduarse, sufrió un accidente con su saco de equipo (fardo) que tenía en las piernas, no logró liberarlo a tiempo y aterrizó con él, el resultado, se dañó seriamente la columna, ya no volvería a saltar, le prometí en ese momento que yo sería caída libre por él, que alguien de nuestro apellido lo honraría. Yo ni siquiera había terminado el curso GRUDES, pero me sentía con toda la capacidad de lograrlo, me encantaban los retos, me sentía invencible.

De retorno a nuestro cuartel, y pasado el jolgorio de recibirnos como paracaidistas básicos o “chanchos”, ---era una expresión de sarcasmo porque era el primer nivel-- continuamos con la instrucción, teníamos operaciones subacuáticas, el entrenamiento con botellas de buceo de aire comprimido, los estudios de la física y medicina orientado al buceo libre y sus diferentes etapas, las horas de piscina se incrementaron, aprendíamos las cualidades y características de ser un buzo de la marina, conocíamos el equipo y aprendíamos a usarlo, se incrementaron las lecciones del uso de explosivos, nunca dejamos de entrenar física y psicológicamente, era una constante, pero nos especializábamos cada vez más , ya éramos expertos en el patrullaje de tierra, en todas sus geografías, sabíamos cómo capear a los elementos para ponerlos a nuestro favor, éramos paracaidistas, teníamos rutinas de saltos no solo en tierra sino también al mar, con equipo de agua.

El curso de buceo implicaba no solo conocer y emplear adecuadamente los equipos, tanto de aire comprimido como el de buceo táctico, con oxígeno, si no también, saber salir airoso de una serie de obstáculos que podrían poner en riesgo nuestras vidas, de presentarse. Buceábamos a pulmón un promedio de 50 metros, el que no lo lograba, fuera del curso y listo, como verán, las exigencias nunca acababan, era otro mundo, no paraba de conocer y aprender los tres hemisferios que debíamos dominar para ser un soldado o militar de élite, dominar el aire, tierra y mar. ---Qué oportunidad que me daba la vida---, seguía el buceo, prueba en un estanque con instructores cual tiburones se abalanzaban sobre ti, te volteaban, te quitaban el equipo, te arrastraban como marioneta, eran minutos eternos de sobrevivencia, tragabas agua en cantidades porque te quitaban el chupón de aire de la boca, y tenías que luchar con ellos para recuperarlo, con el poco aire retenido, no podías salir a superficie, si lo

hacías, en automático estabas fuera del curso, en esa etapa todas las pruebas solo conducían hacia afuera, no habían segundas oportunidades, continuamos con los entrenamientos físicos pero la alimentación había mejorado mucho, nos preparábamos para una natación de 8 millas náuticas, algo más de diez km, otra prueba que era descalificadora, o terminabas o adiós, creo que lo más difícil fue la presión psicológica de los instructores, durante el trayecto, nos conminaban a abandonar, nos mostraban tazas y termos de café caliente, nosotros estábamos en punto congelación, el agua era muy fría y estábamos en invierno, igual seguíamos nadando, no importaba el frio, no importaba nada, yo ya me consideraba un GRUDES, nadie ni nada me sacaría del carril, cuando llegamos al muelle, al final de la natación, nos tenían que sacar del agua, increíblemente seguíamos nadando, aun sabiendo que ya estaba culminada la prueba, sobre el muelle, algunos de mis promociones, cual peces fuera de su hábitat, seguían nadando y pateando como si estuvieran en el agua, era una imagen surrealista, de otro mundo, habíamos pasado más de 5 horas nadando sin parar, otra prueba aprobada e íbamos por más.

También teníamos curso de supervivencia en el mar, consistía en caer al mar con uniforme completo, y utilizar nuestros uniformes para flotar, las camisas bien cerradas se utilizaban como chalecos salvavidas, con nuestras bocas le echábamos aire y creaban una bolsa alrededor de nuestros hombros, lo que nos permitía flotar, cuando se iban desinflando, volvíamos a insuflar aire con nuestras bocas, por la parte del cuello, cogiendo con nuestras manos y pegándolo al cuerpo para que se mantenga inflada la camisa, luego procedíamos a retirar el pantalón, cerrábamos la cintura con la correa, se hacía un nudo en cada pierna, por el lado de la boca del pie, y se insuflaba aire hasta cuando las piernas hicieran una forma de "Y", los pasábamos por debajo de nuestras axilas, para luego permanecer flotando sobre estos, cogíamos la boca de la cintura si se necesitaba insuflar más aire y listo, era la técnica más apropiada para permanecer flotando horas en el mar.

Como complemento nos amarraban de pies y manos, para permanecer flotando una hora, así que tomábamos aire, doblábamos el torso, pegando la barbilla al pecho y nuestros pulmones fungían de chalecos flotadores, sentíamos el frio en nuestra espalda, claro indicio de que la técnica estaba bien hecha, cuando se acababa el aire, volvíamos a tomar aire, el resultado era que al tomarlo te hundías para luego volver a flotar en la superficie, no era sencillo, requería mucho control y cabeza fría para dominar esta técnica, lo logramos otra vez.

Lo siguiente era la natación con los pies amarrados y las manos detrás de la espalda, aquel que no podía terminar la prueba, se iría a su casa, nos enseñaron la técnica del delfín, nadar con pies y cuerpo, mismo squalo, lo practicábamos durante el buceo, parecíamos un gusano de mar, movíamos nuestros cuerpos con los pies y manos pegadas al cuerpo, solo movimiento de toda nuestra humanidad y resultó muy bien para nuestra siguiente prueba. El nadar con los pies y manos amarrados resulta de una experiencia muy amarga que tuvieron los norteamericanos durante la guerra en Viet Nam, los Viet Cong ya no querían malgastar municiones acribillando a los prisioneros Norteamericanos, así que los amarraban de pies y manos y los lanzaban al río, lo que devino en muertes por ahogamiento, al saber esto, las fuerzas Americanas empezaron a entrenarse en esta técnica de escape y supervivencia.

Buceábamos de día y de noche, horas de horas en el agua, en una de las últimas pruebas, nuestro brigadier y uno de mis compañeros, muy corpulento, hicieron pareja para armar una armazón dentro del agua, el frio era intenso, solo teníamos nuestras trusas y una chaqueta de neopreno muy delgada, las gruesas se habían agotado, los que habíamos acabado, esperábamos en la orilla del mar, obviamente remojados todo el tiempo, nuestro cuerpo parecía un corcho, de tan ajada que estaba nuestra piel por el tiempo de exposición al agua y al frio, temblábamos sin poder evitarlo, solo lo aprendido de disociar el cuerpo de la mente nos mantuvo cuerdos, el caso es que se demoraban mucho, creo que perdieron una de sus herramientas y no podían salir, era otra prueba por eliminación inmediata de salir sin haber armado la estructura, el caso es que los vimos salir muy inestables, el brigadier estaba siendo cogido por mi otro compañero para que no caiga al suelo, estaba desvariando y le brotaban hililllos sangre por la boca, totalmente congelado, lo tendimos sobre las piedras, no teníamos ningún lugar caliente, así que el jefe de curso fue a su vehículo y trajo una manta para cubrirlo, lo evacuaron de inmediato al Hospital Naval, en donde le diagnosticaron hipotermia aguda, 5 minutos más en el agua y moría, hasta ese extremo era nuestro curso.

Continuamos con la fase de buceo, ahora con los equipos de buceo táctico, estos equipos eran unos Fenzy antiguos y Franceses, reparados por todos lados, su característica principal era que no botaba burbujas al exterior, por eso era indetectable, también tenía partes que no eran metales para evitar su localización por otros medios como el sonar, y utilizaba una botella de oxígeno, empleando una canastilla con cal sodada, hacían las veces de un circuito cerrado, en donde cuando aspirábamos el oxígeno, y al exhalarlo, nuestro CO2 era filtrado por la cal y regresaba puro para volver a hacer el circuito de respiración, en este equipo teníamos una limitación, no podíamos bucear a una profundidad mayor a 7 metros, de hacerlo corríamos el riesgo de morir intoxicados por nuestro propio CO2, a esa profundidad, la cal perdía su cualidad de filtración, se humedecía y nos iríamos durmiendo hasta que nunca nos volvieran a encontrar, éramos indetectables, para el enemigo y para los amigos, vaya riesgo, no nos importaba, seguíamos adelante.

Por ningún motivo buceábamos solos, siempre en pareja y unidos por una cuerda de vida, realmente servía, salvó varias vidas durante nuestras labores, pocas veces, los síntomas, atacaba a los dos juntos por igual, me tocó la oportunidad cuando teníamos en uso el sistema acústico submarino, preguntarle a mi compañero por su condición, yo por norma cuando acompañaba al navegador, buceaba por encima de él, para limpiar de obstáculos al navegante, éste me contestó como borracho o ebrio, y con palabras sin sentido, clara muestra de intoxicación por C02, lo jalé a superficie y logramos contarlo los dos. Salimos a la superficie en donde nos recogió uno de los botes de apoyo, como alumnos usábamos unas boyas en cada inmersión, por lo que los de apoyo nos tenían localizado permanentemente.

Teníamos que entrenar muy duro con nuestros sistemas de navegación subacuática, tan igual como en tierra, pero con la dificultad de no tener puntos de referencia, usábamos unas planchetas que eran de acrílico, con una brújula de burbuja para uso subacuático, nos daban las coordenadas, girábamos la bola para orientarnos en la dirección indicada y nos sumergíamos, si no lo hacíamos correctamente, podíamos perder la orientación y perder el objetivo, lo mismo ocurría cuando contábamos con referencias, por ejemplo un buque de guerra, cuya misión era ponerle minas y volarlo, en el agua y con condiciones no muy buenas, era difícil orientar la plancheta, pero se tenía que hacer, habré sentido la frustración de perder y sobrepasar mi objetivo un par de veces, es un sentimiento de impotencia y desazón muy feo, sobretodo aguantar las puyas de mis compañeros, indicándome de que mejor tocara la campana y no hacer pasar vergüenza al curso, eran pullas pero que aumentaban mi rabia por errar los blancos, no volvería a pasar nunca más.

Combinábamos el curso de buceo con las otras actividades, rutina de ejercicios diarios y permanentes, cada fin de semana una carrera de mínimo 40 KM, entrenamiento hasta el cansancio y a disparar las armas, teníamos asignados unos Fusiles FAL de paracaidistas, con culata plegable y de Cal. 7.62, muy efectivas, una pistola Pietro Beretta Parabellum, de 9mm largo, con cacerinas de 15 tiros y una opcional de 30, era nuestro arsenal, aprendíamos a armar y desarmar cada armamento, hasta con los ojos vendados, era una constante, hasta que se hacía en tiempo record, no teníamos limites en el uso de las municiones, ni de explosivos. Luego me enteré que solo nosotros teníamos ese privilegio.

Nos familiarizábamos con los diferentes tipos de aparatos explosivos que utilizaríamos para destruir la flota de buques de guerra del enemigo, sus sistemas quedarán en secreto, pero eran realmente efectivos, claro que los sistemas irían cambiando con el tiempo, tiempos de cambios constantes, y teníamos la obligación de adaptarnos a ellos en cuanto aparecían. La flexibilidad era una obligación y un deber, si no, nos quedaríamos estancados en el tiempo, e inútiles también por lo mismo.

A la par de los estudios de medicina de buceo, nos enseñaban a ser rescatistas, ya que sería una de nuestras misiones en tiempo de paz, ya pondré ejemplos más adelante sobre esto.

Las nataciones continuaron pero esta vez con un cuerpo de arrastre, no es tan sencillo cargar con un cuerpo inerme o, lo que es peor, lidiar con alguien que era presa del pánico en el agua, nos enseñaron las técnicas de aproximación, de rodeo, y como lograr que la víctima colabore en su rescate, aun en contra de su voluntad.

Logramos culminar la fase de buceo sin inconvenientes, continuábamos juntos e intactos, cada vez más profesionales, una sensación de satisfacción y orgullo nos invadía, a seguir luchando.

Continuamos con la fase de operaciones subacuáticas, pero esta vez con inserción y extracción en el mar, totalmente diferente que en las patrullas de tierra, utilizábamos diferentes medios, aviones, submarinos, lanchas rápidas, helicópteros, y se utilizaban de acuerdo al tipo de misión; cuando eran misiones de larga distancia hacíamos saltos desde un avión hacia el mar en un punto muy alejado del Océano Pacifico, era para evitar ser detectados por el radar enemigo, luego salía un submarino para recogernos y llevarnos a un punto cercano del objetivo, en realidad suena muy fácil pero era bastante riesgoso, el mar era muy movido y un mal cálculo de acercamiento, nuestra humanidad se empotraría en la panza del submarino, no era muy agradable que digamos, y cuando lograbas cogerte de un peldaño, que estaban hechos en la misma estructura del submarino, te pillaba con que el mar bajaba, sentías que tu brazo o brazos se desgarraban, muy bonito, muy sublime, muy macho, pero muy arriesgado, en fin, para esto nos habían preparado, nuestros cuerpos eran unas máquinas capaz de soportar cualquier exigencia ; cuando llegábamos al punto, hacíamos escape de submarino en marcha, utilizando la técnica de la campana, los detalles me los reservo, el caso es que una vez estando afuera del submarino la patrulla completa, liberábamos el bote inflable que contenía nuestro equipo de combate y procedíamos a salir a superficie, siguiendo la vela del submarino.

Una vez reunido a todo el equipo y una inspección de nuestros equipos, procedíamos a encender el motor fuera de borda para navegar con rumbo al objetivo. Conquistado el mismo, venia la fase de extracción, normalmente era el mismo submarino que nos recogía en el punto predeterminado o una lancha rápida y un aro de jebe, hacíamos una formación en el agua, en línea y con un brazo en alto, con distancias entre uno y otro de unos 10 metros, la técnica consistía en insertar el brazo en el aro y al momento de ser introducido en el bote, liberarse y subir a la lancha para dar espacio al compañero siguiente, era una maniobra rápida, efectiva, que no permitía la exposición de las unidades al ataque enemigo, nadie podía fallar, ya que aquel que no lograba ser recogido, se quedaría, así de simple, obviamente sonaba muy bonito, pero el problema era que y durante el curso, si se quedaba uno, todo el curso de nuevo al agua y a nadar hasta la base, nada simpático, créanme.

Cuando era necesario y cercano, utilizábamos un helicóptero con puertas laterales, teníamos los Sea King, sobrevolaba un área cercana a la misión y nos arrojábamos por las puertas, arrojando al mar como primera medida el bote de traslado y con todo el equipo, para luego nosotros, que nos iban arrojando cada cierto tiempo y distancia, nadar hacia él, coger nuestros equipos, y proceder a cumplir la misión. Por último la inserción y extracción por medio de una lancha rápida, que se denomina “sembrado y recogido”, todo lo expuesto, realizado por medio de un lancha rápida y nada más.

Seguíamos con las patrullas por el interior del país, en uno de ellos, nos dirigíamos hacia el Norte, por una franja de desierto, pero con pequeñas islas de vegetación, llegamos a una especie de Hacienda, muy parecida a donde crecí, por eso se me hizo familiar, nos sentamos a reposar en el porche de una casa construida en ladrillos, y visualizamos que a todo lo largo, existían casas en fila, vivirían aproximadamente unas 100 familias, sin pensar, nos habíamos establecido en la casa del capataz de esa hacienda, al vernos, sale una señora, joven con una niña en brazos de unos 5 años, nos pregunta por los motivos de que estemos ahí, el jefe de la patrulla, que en este caso era el alumno brigadier, le explica que somos de la Marina de Guerra y en misión de entrenamiento, debíamos de lucir famélicos, porque de inmediato nos ofreció un caldo de gallina, utilizando una de las aves que tenía en su corral, nos sentíamos incomodos, eran gente de escasos recursos, lejos de las ciudades y de seguro que no contarían con provisiones como para desprenderse tan fácilmente con unos perfectos desconocidos; en un momento dado llegó el esposo de la señora, hombre joven y alto, había llegado a almorzar, el caso es que nos atendieron con cariño y el señor nos platicaba, ya sentados en el patio, que su menor hija estaba bastante enferma, tenía una tos persistente y hacia fiebre, el enfermero se acercó a atender a la niña, nos comunica que tenía un fuerte proceso gripal y necesitaba medicinas, cuando preguntamos donde podíamos obtenerlas, nos indicaron de que no había forma, tenían que ir a la ciudad y eso significaba ausentarse por varios días.

Nuestro brigadier hace la consulta a todos, si podíamos desprendernos de algunos medicamentos de los morrales personales que teníamos, de primeros auxilios, todos llenamos una gran bolsa de medicamentos y se lo entregamos al dueño de casa, con una lista y forma de tomarlos y para qué era cada uno de ellos, el enfermero atendió a la niña y solo nos retiramos cuando ya había mejorado, nos despedimos e iniciamos la marcha en fila india, para poder seguir nuestro camino debíamos pasar a todo lo largo del frontis de las casas, grata sorpresa fue que en todo ese trayecto, en varias de las casas, nos ofrecían maíz sancochado, huevos pasados, queso, lo poco que tenían nos lo ofrecían, ese gesto hizo cimentar el convencimiento de nuestro objetivo, prepararnos para proteger a toda nuestra gente.

Otra de las pruebas que llevamos a cabo fue hacer una marcha por todo el litoral, zona completamente desértica, hacia un punto preestablecido, en el Norte del país, el caso es que deberíamos caminar por lugares en donde nunca habían transitado persona alguna, prohibido totalmente utilizar vías de comunicación como carreteras, caminos carrozables, y por ningún motivo cruzar lugares habitados.

Preparamos nuestros equipos, dos cantimploras de agua por cabeza, esa era toda la ración de agua, no habría reaprovisionamiento, debíamos aprender a racionar el uso del preciado líquido, víveres para tres días, iba a ser una navegación terrestre extrema y contaría como una de las últimas pruebas. Iniciamos la marcha, con el equipo completo, armamento, municiones y pertrechos, llevábamos algo más de 30 kilos encima, con un calor insoportable, posicionamos nuestro mapa y establecimos las coordenadas, la caminata se hacía interminable, todo era arena, calor y no saber dónde estábamos, cada cierto tiempo, hacíamos un alto para reposicionar nuestros rumbo, íbamos bien, en el trayecto, bajando una cuesta, divisamos ruinas de algún asentamiento inca, encontramos esqueletos y vestigios de cerámica y telas, no teníamos ninguna gana de hacer exploración arqueológica, pero definitivamente, éramos los primeros en descubrir estas ruinas, al llegar la noche, la temperatura descendía bastante, tendíamos nuestros sleeping bag en círculo, pero el hombre guía debía de posicionar su "cama" de tal manera que su cabeza indique la dirección que estábamos siguiendo, de no hacerlo, seguro nos perderíamos, era una técnica aprendida, por ningún motivo sacarse los borceguíes, los pies se hincharían de tal manera que no podríamos volver a calzarlos.

Ya casi próximos a llegar al objetivo, veíamos que nos habían tendido una emboscada los instructores, debíamos de rodearlos pero el hacerlo significaba pasar por una ciudad por un lado, y por el otro había una carretera, lo que estaba prohibido tomar, solo nos quedaba bordear el mar, que estaba algo alejado, pero no teníamos opción, bajamos con precaución una loma muy empinada, para tomar una senda que nos llevara a la playa, al conseguirlo, caminamos bordeando muchas rocas y piedras en donde rompían las olas, corríamos el riesgo de quedar atrapados entre ellos, una vez superado esto, logramos llegar al campamento de los instructores en donde nos felicitaron por la labor y misión cumplida.

El caso es que nos íbamos acercando al término del curso, ya estábamos por cumplir los 10 meses y no teníamos cuando acabar, al preguntar por el tiempo que faltaba, nos comentaron que el curso de paracaidismo no entraba en los 9 meses de curso, así que a seguir, total, ya estábamos considerados como GRUDES, cuando ingresábamos al mes número 11, nos solicitaron un pelotón de combate para dar seguridad a la flota que se dirigía al Sur, aparentemente se iba a desatar un conflicto con el país del Sur y estábamos a escasos días de la Navidad, el asunto es que reforzamos un pelotón de GRUDES antiguos, lo que nos valió la primera experiencia como Demoledores activos, y sin clausura, pero listos para el combate, era excitante, la adrenalina nos golpeaba de diferente manera.

Procedimos a embarcarnos en el Buque insignia de la Armada, un poderoso Crucero, los días de navegación se sucedían uno tras otro, hasta que atracamos en la bahía externa de un puerto de nuestro país, cercano a la línea de frontera, listos para romper fuego, nuestra labor consistía en proteger la integridad de los buques, tanto externo como submarina, cada noche y en intervalos buceábamos por todo el casco de las naves en busca de artefactos explosivos que pudieran haber sido colocados por el enemigo, estábamos preparados para todo, esta primera vez solo nos tocaba dar protección a la escuadra, compuesta por vario buques y submarinos, los otros pelotones tenían sus propias misiones, pero por sistema de estanqueidad, no debíamos tener conocimiento, era un proceso de compartimentaje, sólo interesaba nuestra misión, los otros tenían las suyas propias.

En algún momento nos tocó hacer de patrulla de reconocimiento por la ruta principal en tierra, ya que por ella se trasladaban cientos de vehículos blindados, sobre remolques enormes, que transitaban con las luces apagadas, y solo se movían de noche, era impresionante.

En los momentos de ocio, los tripulantes de los buques nos buscaban camorra, no les gustaba que mientras ellos trabajaban todos los días para mantener en grado óptimo a los buques, nosotros permanecíamos en nuestras literas, no era función que nos competía, éramos demoledores con todas sus letras, así que las peleas eran constantes y obviamente siempre las ganábamos, creo que era una forma de mantenernos en forma, se dieron cuenta de nuestra importancia cuando estaban quietos e inermes en el mar, y nosotros no parábamos de sumergirnos, protegiéndolos de sabotajes, algo que ellos no podían hacer.

Casi a punto de llegar y pasar las navidades en ese puerto, se nos dio la orden de retorno, las hostilidades se habían congelado por el momento, nuestra nave levó anclas y se dirigió a toda máquina al Callao, impresionante la velocidad que desarrollaba la escuadra, en perfecto orden, alineados, protegiendo al buque insignia, una experiencia grata, sobretodo de que no habíamos navegado tanto en todo este tiempo.

Volvimos a nuestro cuartel, se nos asignó a cada uno su pelotón de combate al cual pertenecería desde ahora, y nunca tuvimos ceremonia de graduación, creo no podrá haber mejor graduación que un desplazamiento de guerra, inolvidable.

Nadie nos puso los distintivos de graduados, que en ese entonces era el escudo del buzo profundo, una escafandra con dos peces en forma de apoyo, lo lucia con orgullo, más mis alas de paracaidista, sobre mi uniforme, sea azul o blanco, lucía impresionante, nos pavoneábamos por toda la base naval, éramos realmente admirados, y para jóvenes como nosotros, o como para mí, que recién estaba culminando mi etapa de instrucción, previo al ascenso de Oficial de Mar, significaba mucho, era un Cabo de Primera con mi uniforme de marinero, mi rabiza de alumno y mi gorro blanco, con 20 años a cuesta, había que continuar, el demoledor jamás deja de entrenarse, durante toda su vida lo hará, activo o en retiro, es la semilla puesta en nuestro ADN.

Eran tiempos de cambio, ya no teníamos el nombre de GRUDES, había sido cambiado por GOES y nuestros uniformes ya no era el verde oliva, teníamos el de color azul, muy parecido a los colores de la Fuerza Aérea, lo que nos serviría para que algunas acciones no tan santas, fueran achacadas a la FAP, nos gustaba estar de palomilladas en cada operativo de entrenamiento, siempre teníamos un poco de tiempo libre y nos metíamos en bastantes problemas con algunas poblaciones, pero siempre en buena onda, camorras y peleas que eran parte de nuestra idiosincrasia, y cuando caía alguna investigación, eran achacados a personal de la Fuerza Aérea, inclusive nuestras unidades de transporte estaban con ese color. Bellos momentos.

En esta foto pueden apreciar nuestro "cuartel", rodeado de pantano.

También hubo cambios en nuestra Escuela, ya no sería para personal de Marina en actividad, ahora sería una Escuela Básica y dependiente del CITEN, se acabó la calificación, es por eso que en mi segundo desplazamiento, estuve acompañado de un par de alumnos de esta escuela, el currículo de estudios había cambiado totalmente, ya no serían 9 meses de instrucción, solo serían 6 meses y no estaba incluido el curso de paracaidismo, dejaba de ser obligatorio para recibirse como Operador Especial, tampoco se denominarían demoledores submarinos.

También, y lo digo con profunda tristeza, empezamos a tener a los primeros muertos en etapa de instrucción y entrenamiento, los muchachos ingresaban a los pelotones después de su capacitación de 6 meses, no eran suficientes, nosotros en calificación éramos militares que ya habíamos pasado toda una etapa de entrenamiento previo, los antiguos tratábamos de la mejor manera que se adapten a nuestra rutina, pero era retroceder, teníamos limitación en inserciones por aire, no eran paracaidistas, y tenían que esperar a que el ejército abriera vacantes para sus cursos; vi caer a muy buenos elementos, uno de ellos murió en una práctica de explosivos, tenía 20 años y solo esperaba graduarse de Oficial de Mar para contraer matrimonio con la compañera de su vida, poco antes de la graduación, sobrevino el accidente y murió, lo enterramos con todos los honores y con su uniforme de OM, luego el siguiente, otro muchacho de la escuela, joven y buen amigo, también en trabajos con explosivos, murió y su primera y única hija nacía un par de meses después de su entierro, basten estos dos ejemplos para entender cuan riesgoso era nuestra profesión, conscientes de todos estos riesgos, los asumíamos y seguíamos para adelante, no le echo la culpa a nadie, que quede bien claro, cada uno de nosotros asumíamos la total responsabilidad de nuestros actos.

RINDO UN SENTIDO HOMENAJE A MIS HERMANOS CAIDOS EN ESTA ETAPA.

Logré mi ascenso a Oficial de Mar con todos los honores, era el único de mi promoción con tantas calificaciones, no fueron necesarios exámenes para mí, me llegó por inercia y nunca fueron necesarios para todos mis ascensos posteriores, siempre estaba o en acción de armas o en instrucción.

El trabajo en pelotones de combate era muy activo, contábamos con programas meticulosamente preparados, todas las semanas la rutina de ejercicios físicos eran el pan de cada día, siempre en evaluación, desarrollo de técnicas de combate, en tierra, mar y aire.

Le tocaba ahora a nuestro segundo desplazamiento de combate, esta vez con el país del Norte, con quienes teníamos conflictos seguidos y permanentes, nos tocó embarcar en un submarino, mis respetos y admiración para los tripulantes de éstas fantásticas maquinas, eran nuestra segunda familia, creo que habíamos entrenado y navegado con ellos muchas más horas que con cualquier otro medio, éramos hermanos, nos guardábamos profundo respeto y aprecio, no tuvimos pleitos o peleas con ellos. Navegamos por espacio de algunos días en línea recta por nuestro litoral, hasta llegar al límite náutico y seguro de las aguas amigas, y nos entrabamos a las peligrosas aguas del enemigo.

Éramos solo una patrulla, compuesta por siete elementos, al mando un joven oficial, mi promoción, yo era el segundo al mando por mi graduación, el ambiente era muy tenso, teníamos algunos integrantes que aún eran alumnos, casi como yo cuando hice mi primer desplazamiento, como no había espacios para visitantes en el submarino, dormíamos encima de los torpedos, cuyo almacén estaba lleno de ellos, estábamos en guerra y no podíamos estar cómodos, la alimentación en un submarino es la mejor de toda la Marina, solo nos movíamos para ir a ingerir nuestros alimentos diarios y nada más, lo que nos daba mucho tiempo para pensar, y eso no es bueno.

Nuestras familias nunca supieron en donde estábamos, y como las ausencias eran cotidianas, no significaba nada el hecho de que no nos vieran por meses. El tiempo de navegación estaba haciendo mella en algunos de nuestra patrulla, escuchaba sollozos, cuando le preguntaba por qué al que estaba así, me mencionaba que tenía una hija recién nacida y que tenía miedo de no verla nunca más, era uno de los más nuevos, y no era para menos, nuestras misiones no contemplaban retorno, por eso los submarinistas nos pusieron el apodo de "descartables" y en efecto, eso es lo que éramos, solo importaba la victoria, el retorno no era imprescindible, la orden del Capitán era que nos dejaba y regresaba a aguas amigas, punto, no iban a arriesgar una maquina formidable por un puñado de descartables, tampoco nos afectaba ese mote, al contrario, nos sentíamos orgullosos de ello, éramos de élite, y los de élite solo podían esperar una muerte de esa manera, tal vez olvidada, pero nada que nos afecte.

Estando en aguas enemigas y próximo a nuestro objetivo, el submarino tuvo una falla en sus máquinas de oxígeno, por lo que tuvimos que estar inmóviles casi todo el tiempo, sus tanques de reserva no durarían mucho, así que tendrían que escapar a todo tren en cuanto nos dejaran, y para colmo detectan dos patrulleras de última generación encima nuestro, inmovilidad y ruidos bajo cero, absoluto, era sobrecogedor, no quería morir así, yo era fiel creyente de morir combatiendo, y nuestro lema era que delante de nosotros debían de ir mínimo 10 enemigos, de ahí nace mi profundo respeto por las tripulaciones de los submarinos de todo el mundo, sí señor, me saco el sombrero ante ellos.

Pasado el momento de peligro, continuamos el acercamiento y debíamos realizar ciertos actos previos al desembarco, primero, cada uno de nosotros debía colocar sus objetos personales en una bolsa plástica, segundo, debíamos escribir una última carta a nuestras familias, tercero, todas estas bolsas quedarían en custodia del Capitán de la nave, solo se entregarían una vez acabada la guerra, por el comando superior y cuando se certifique la muerte de cada quien, punto. Procedimos a hacerlo, retiré mi reloj de pulsera, que era un regalo de mi hermano, el marino mercante, autentico japonés, con la voluntad de que le sea entregado a mi hermano menor, no tenía absolutamente ningún bien, aparte de los que portaba, cada objeto que apreciaba lo deposité en esa bolsa, escribí la carta despidiéndome de mis padres, agradeciéndoles por todo y pidiendo las disculpas del caso por el dolor de mi pérdida, pero era lo que yo quería, por mi patria. Fueron selladas y guardadas por el "dueño" del submarino.

El siguiente acto era el breffieng o charla de la misión en sí, se tenía que dar en un cuarto absolutamente aislado, estanco al 100%, revisión de equipos, revisión de las tareas y de toda la información de Inteligencia recabada acerca de nuestro objetivo, solo basta saber que era muy lejos de nuestra frontera, por eso la imposibilidad de retorno, una vez empapado de la operación, las tareas asignadas, nos retiramos para reposar un poco, sin ningún tipo de contacto con la tripulación, era imperativo la confidencialidad de la misión. Los días de comida con la tripulación, de la camaradería con ellos, terminó de una manera que también les afectó, teníamos una corriente de afecto, se nos llamó para una última cena, era abundante y deliciosa pero por el grado de tensión, solo ingerimos un bol de gelatina, nuestros estómagos no toleraban otra cosa, y encima ningún tripulante se sentó con nosotros, olíamos a cadáveres creo, aunque después nos enteramos que era por orden del Capitán, nadie se debía acercar a nosotros, ya estábamos en misión. Verificamos nuestras armas y los cuchillos de combate, nuestros camuflajes, y todo lo demás en espera de la orden de emerger, para sacar el bote con motor fuera de borda y adiós, todo debería ser sincronizado, no podíamos exponer la nave más que lo necesario, estaba cronometrado para hacerlo todo en un par de minutos. No había problema, éramos profesionales en ello, estábamos en cola para salir por la vela del submarino y éste procedía a emerger, a altura de snorkel, porque también aprovecharía para jalar aire del exterior para almacenar y poder retornar a aguas amigas, estábamos muy lejos,

Cuando se dio la orden de emerger y proceder con la salida nuestra, llega un mensaje urgente indicando que abortemos la misión, se confirmó y en efecto, se anulaba la misión, y teníamos que volver de inmediato, porque si nos descubrían en territorio enemigo, las hostilidades se reanudarían. Metimos los equipos, nos distribuimos de tal manera de que no obstruyéramos las maniobras de los tripulantes, nadie hablaba, estábamos con los nervios de punta, ya estaba fuera de nuestro control cualquier acción para ayudar en la prisa, era lo que más nos estresaba, no tener el control, es una mezcla de impotencia y furia, teníamos que sumergirnos y navegar en línea recta hacia aguas internacionales y de ahí, recién tomar rumbo hacia nuestro país.

Una vez en aguas internacionales, el submarino emergió para no volver a sumergirse, la tensión había sido mucha, toda nuestra patrulla se encontraba tendida en la parte delantera del submarino, en el exterior, no queríamos permanecer dentro, y ellos lo permitieron, entendieron que lo necesitábamos, así que solo bajábamos a comer algo, día y noche, afuera, hasta llegar a puerto seguro, cuando lo hicimos, toda la plana mayor Naval estaba en el muelle, nos rindieron honores, ceremonias y agasajos que no compartimos, solo queríamos regresar a nuestro cuartel y listo, a seguir entrenando para el siguiente llamamiento.

Empezaron los saltos operacionales, las patrullas, buceos interminables, campamentos en el desierto y jungla, nuestro pelotón era el más operativo, solíamos buscar las mejores comisiones y de más tiempo fuera, ya que podíamos continuar desarrollando nuevas técnicas de asalto, incursión, emboscadas, sabotajes y toda una serie de obstáculos que nos imponíamos nosotros mismos, el grado de operatividad de nuestro pelotón, compuesto por dos patrulla de 7 hombres cada uno, era cada vez mejor, cuándo y por orden del comando nos redistribuyeron, para poder ayudar a los demás pelotones en elevar el nivel, tal cual habíamos logrado con el nuestro, eso estaba bien, éramos un grupo no muy numeroso, lo mejor de lo mejor, y todos nos conocíamos, éramos una hermandad muy unida.

Devino un tercer desplazamiento hacia la selva de nuestro país, teníamos por misión luchar contra el Narcotráfico, en ese entonces tenía el denominativo de “Verde Mar”, aun seguíamos siendo un cuerpo de élite secreto, nuestras actividades e intervenciones no debían ser conocidas por nadie, mi pelotón procedió a calzarse uniformes de la Guardia Republicana, eran de color beige, los GR estaban encargados de vigilar nuestras líneas de frontera, procedimos a embarcarnos en los aviones designados, y desembarcar en la intrincada selva de nuestro país, en el área de Tingo María, nuestras patrullas eran constantes, los narcos no nos enfrentaban mucho, una escaramuza por aquí y otra por allá, pero nada que significara riesgo, detectábamos enormes pozas de maceración de las drogas, laboratorios clandestinos e inclusive armamento de última generación, mejores que las nuestras, pero éramos unos convencidos de que el hombre era el arma, las nuestras eran eficaces, leales y parte del cuerpo de cada uno de nosotros, nunca se trababan, así las cadencias de tiro fueran bastantes, recalentaban pero funcionaban a la perfección, nuestras ordenes eran de destrucción de todo lo que significara herramientas de proceso de las drogas, ahí tuve un ejemplo magnifico de la clase de oficiales que teníamos al mando, en una intervención de un gran laboratorio y pozas de maceración, nos llega una orden de detener cualquier actividad que signifique destruir el área, estábamos bajo el mando directo de la Policía, un General dio la orden pero nuestro oficial, un Teniente Segundo, quiso ir a confirmar la orden personalmente, cuando sale en un helicóptero, y una vez en el aire, destruimos toda el área (él nos había dado la orden de hacerlo cuando ya no estuviera en el suelo, y podíamos indicar que no se pudo diseminar adecuadamente las ordenes, nunca nos íbamos a prestar ser parte de la corrupción que ya estaba minando a nuestros altos mandos) Me enorgullezco de ellos, dignos ejemplos de liderazgo y entereza, nos legaron el ejemplo de integridad, que hasta ahora mantengo.

Terminado este desplazamiento, nos volvimos a integrar a las rutinas propias de nuestra misión en los pelotones de combate, para esto ya contábamos con los uniformes camuflados de selva, equipamiento nuevo y armamento también nuevo, mejores equipos de buceo táctico, uniformes de camuflaje para desierto y uso de nuevas técnicas de guerra convencional.

En pleno periodo de patrullaje en desierto nos llega un mensaje, que los paracaidistas que cumpliéramos con un mínimo de saltos operacionales, podíamos postular al Curso de Maestro de Salto en el Ejercito, más incentivo para continuar en la escalada superior, envié mi solicitud y me trasladé a la base para estar listo para las pruebas, aunque lo fundamental en éste de tipo de curso era la acumulación de saltos, eso nos daba la capacidad y garantía de que ya no temíamos el saltar de una aeronave en vuelo. Cubierto el requerimiento, el grupo seleccionado, nos trasladamos a la División Aerotransportada del Ejército, teníamos al frente un curso muy especializado, que requería conocimientos de vientos, de navegación terrestre y poder realizar cálculos de incidencias de los factores naturales en los paracaidistas, etc. También tener el control absoluto de su persona, para poder tomar decisiones de vida o muerte en las misiones de paracaidismo.

El Maestro de Salto tiene como función principal, el de poder posicionar a una aeronave en la recta trazada, para el salto de los paracaidistas que están bajo su responsabilidad, tiene el control de la aeronave, personal, material y todo lo que involucre una misión de paracaidismo. Asimismo es el responsable en tierra de hacer el estudio exacto del área de aterrizaje de los paracaidistas, colocar la señal en la dirección correcta para el inicio del salto, y el espacio suficiente, libre de obstáculos para que aterricen la cantidad de paracaidistas previamente coordinados.

Pues bien, otra vez al ruedo, una nueva experiencia y un escalón más que conquistar, iniciamos el curso con personal de Infantería de Marina, de la Fuerza Aérea y del Ejercito, en esfuerzo físico era el mismo, estábamos más maduros, de mi promoción solo ingresamos 2, los demás tendrían sus razones por no hacer éste curso, aunque lo que más influenció fue el hecho de no tener la cantidad de saltos requeridos, es por eso que tenía como compañeros, a personal de mayor graduación que la mía, y que éstos cursos no se daban frecuentemente, siempre eran sorpresivos, los del ejercito son muy quisquillosos con sus cursos y celosos también, es por eso que en todo momento buscaban que renunciáramos, o desaprobáramos los exámenes, ya que este curso sí era especializado, ya no se trataba solo de hacer saltos, se trataba de conducir vidas y material valioso para el estado, no éramos un país necesariamente rico, pero que ponía sus esfuerzos en prepararnos continuamente, y teníamos que valorar todo esto.

Nos enseñaban a orientar una aeronave, comunicación permanente con el piloto, cómo debíamos hacer las inspecciones de cualquier aeronave en la que tengamos que realizar un salto, cómo cubrir aquellas partes que podrían ocasionar que algún paracaidista se quede enganchado al momento de saltar y pueda poner en peligro a la aeronave, su tripulación y al personal que quedaba dentro del mismo, cómo se ordena el "pasaje" (línea de paracaidistas) especial cuidado con los que iban a saltar por primera vez y también con los experimentados, ya se habían producido accidentes por exceso de confianza; cuales son las luces de indicación, velocidad de aproximación a la zona de salto, velocidad y altura de salto, todo un largo relato de los incidentes ocurridos y cómo solucionarlos.

Hasta este momento los ejercicios físicos ya eran de historia, sólo hacíamos lo indispensable, iniciamos un recorrido por las instalaciones de los Draplas, eran expertos en doblajes de paracaídas, debíamos conocer el sistema y técnica que ahí se aplicaban como un conocimiento más dentro de nuestra enseñanza, hacíamos entrenamiento en la torre, de día y de noche, de noche era realmente una experiencia única, tu ambiente de luz y afuera todo oscuro, echado o de rodillas en la puerta de salto, con el viento fuerte, buscando la señal en tierra para poder dirigir la aeronave, ubicarlo en la dirección y posición correcta de salto, todo era meticulosamente observado y evaluado, no podían permitir a nadie que esté a medias, y empezábamos a ser calificados y retirados del curso, aquellos que no cubrían el nivel requerido, los retiraban sin más, por eso me encantaban los cursos en el ejército, muy exigentes y profesionales, sacaban lo mejor de ti, y si te graduabas, era porque realmente eras bueno.

Completamos los saltos y evaluaciones con saltos reales de día y de noche, con paracaidistas que fueron nuestra responsabilidad, nos graduamos con orgullo, el brevete era más grande que el básico, tenía unas hojas de laurel encima del sol radiante, colocado en la punta del velamen del paracaídas, todo en bronce y me fue colocado por mi comando, era diferente, ya era profesional, y solo mi comando podía imponerme el distintivo, acompañado de los altos oficiales de la Escuela de Aerotransportado, teníamos un nivel más alto que el regular, nos estábamos distanciando en capacidades de nuestros pares, esa era la idea desde un inicio, ser lo mejor de lo mejor, aun dentro de los míos.

Lo primero que hacia al retornar a nuestro cuartel, era ponerme mi uniforme camuflado de jungla, que mis distintivos brillen como nunca y me dirigía a la Estación Naval, a visitar a mis antiguos compañeros, quienes me recibían con autentico orgullo, seguía prestigiándolos, había sido mi promesa, y lo estaba cumpliendo con creces.

Me preparaba para otro reto, seguir mi curso de especialización en la Escuela de Comandos del Ejercito, esta escuela tenía su merecida fama de ser muy dura, también se recibían pocos porque el entrenamiento era tan riguroso como el nuestro, hasta donde tengo conocimiento, nunca se volvieron Escuela Básica, siempre era calificación y para militares en actividad, lo que permitió mantener su esencia, su disciplina era total, sus programas eran estrictos y cada paso se cumplía, no había segundas oportunidades, sólo una vez estuve a punto de que me descalificaran, cuando estaba en el curso de manejo, abordaje y destrucción de vehículos blindados, al saltar de un porta tropa a orugas (PTO) en marcha a quien le había arrojado un explosivo, caí tan mal que me rompí la clavícula derecha, con toda la adrenalina que me adormecía, no lo sentí hasta cuando vino el momento del descanso, no podía ni mover el brazo, tampoco podía poner de conocimiento a mi jefe de curso, era la separación en automático por incapacidad física, los del ejército no se andaban por las ramas, decidí confiar en uno de mi promoción, quien me consiguió una vendas elásticas, no sé cómo, mis compañeros eran inacabables en recursos, así que cada día salía bien vendado, pero cada día tenía que soportar el dolor, y peor, tenía que evitar que los oficiales a cargo de cada materia de instrucción se dieran cuenta de mi incapacidad, muy difícil ya que los cursos son demasiados operativos, full movimiento, el problema se presentó cuando tuve que conducir un tanque T-55 ruso, los rusos son conocidos por la rudeza y falta de comodidad que imponen a sus máquinas, puro acero y efectividad, la tripulación no importa, solo lo necesario para que la tripulen y listo, los mandos eran palancas que estaban alineados a cada lado de las piernas, para girar de un lado para otro, solo tenías que frenar una oruga con la palanca adecuada y listo, la velocidad lo imprimías con los pedales , punto eso era todo, teníamos unos cascos bastantes livianos, con auriculares incorporados para la comunicación interna, cuando me dan la orden de girar a la izquierda, lo hice de inmediato, jalando la palanca de ese lado y frenando la oruga que hizo el giro correctamente, cuando me dieron la orden para el lado derecho, no pude hacerlo, al intentar jalar la palanca con mi brazo derecho, no pude bloquearlo, el dolor era inmenso, la clavícula se había vuelto a separar, me sentí muy impotente, sabía lo que se me venía, estaba a punto de cerrar mi curso, había aprobado todas las materias, todas, y en la recta final me podían expulsar, se me acerco el oficial a cargo y me preguntó qué había pasado, tuve que sincerarme, el dolor era muy evidente, ante lo cual, él me indico que había aprobado, que no me preocupara, ya estábamos en la recta final y mi desempeño había sido destacable, así que fue la primera vez que me "ayudaban" en culminar un curso, estaba fuera de mi alcance, soy humano y a pesar de mis esfuerzos pude haber tenido mi única derrota, gracias Dios no fue así, creo que también me lo había ganado.

Nos montamos sobre el tanque a dar vueltas y a terminar con una prueba de valor que consistía en esperar al tanque de frente y cuando estaba a punto de atropellarnos, nos tirábamos de espalda, cogíamos el faldón delantero y nos arrastraba unos 10 metros, para luego ponernos de pie y trepar sobre la máquina, simulando que arrojábamos explosivo a su interior, la cosa se ponía más difícil cuando lo hacíamos de a dos y de tres, así que elegíamos a los más delgados para que nos acompañen, sino corríamos el riesgo de que nos aplastara el tanque, nuestras narices rozaban la panza de la máquina.

Un curso más y a seguir, la anécdota es que durante mi instrucción en la escuela de comandos me llegó el ascenso al grado superior, dentro de mis promociones muy pocos habían alcanzado una vacante para ascender, se definió por decimas de puntos, yo ascendí sin tener que preocuparme por eso, mis méritos eran superiores.

En esos tiempos, la guerra de las Malvinas en territorio Argentino estaba en su apogeo, también tuvimos conocimiento de que nuestra Fuerza Aérea se había involucrado, nos pusieron en alerta máxima, cero comunicación con el exterior, nos indicaban que una fuerza importante de Gurkhas, famosos por el uso impecable con sus cuchillos, corta gargantas les decían, estaban en camino a las islas para combatir a los Argentinos, nos preguntaron si queríamos ir a medirnos con ellos, obviamente la respuesta fue unánime, todos querían ir, era una buena oportunidad para compararnos con ellos y medir nuestras capacidades, el caso fue que por orden superior, no nos permitieron movilizarnos; para que vean como estábamos de preparados, en aquellos tiempos, el ejército ingles utilizó una nueva arma, causando muchas bajas durante la noche , tenían en sus armas unos designadores lasèricos, imperceptibles al ojo humano pero que se distinguía utilizando unas mascaras especiales, nosotros ya contábamos con ese sistema, y nuestras armas estaban alineados al cien por cien con ellos, estos se alineaban en un cuarto oscuro, el designador se colocaba en la parte superior de nuestro fusil, entre la mira y el alineador de puntería, teníamos que regularlo con nuestro alineador para que el tiro sea certero, la tasa de efectividad era al cien por ciento, en el portamanos del fusil estaba el obturador, mecanismo que cuando se presionaba, emitía el láser, bueno, nos quedamos con los crespos hechos, algo decepcionados, sobre todo cuando vimos que Argentina había perdido la guerra.

Vino un cuarto desplazamiento, esta vez afuera de nuestro país, baste saber que fuimos a un país en Centroamérica, en ésa área convivían con las guerrillas y los contras, países muy inestables, sus instalaciones nos hacían recordar a las películas de Viet Nam, sus selvas y clima eran similares, y las guerrillas también. Otra vez la familia sin saber de nosotros, era una constante.

CAPITULO IV

Contra Sendero Luminoso

Cuando retornamos, nos enteramos sobre el accionar de un grupo de terroristas, que estaban asesinando sin piedad a comunidades de campesinos en la sierra de nuestro país, la misión de combatirlos, recaía en la policía por ser de orden interno, lamentablemente eran aparentemente imparables, se nos dio la orden de prepararnos para éste nuevo escenario, era una guerra diferente, no convencional, el enemigo era mortal e imperceptible, se mimetizaba con la población, cobardes que se amparaban en esto, nunca utilizaban uniforme por el cual distinguirlos de la población civil, seguíamos con mucha atención las noticias, continuábamos con nuestro entrenamiento, los informes de inteligencia llegaban sin parar y nos ponían al corriente de lo acontecido, las fuerzas policiales estaban siendo rebasadas, el Ejercito recibió órdenes de movilizarse a la zona de conflicto, pero su accionar era muy limitado, fortificaban sus instalaciones porque fueron atacados varias veces y ya empezaron a contabilizar bajas en sus filas, los asesinados en las fuerzas policiales eran demasiados, el número de asesinados en la población civil ya sumaban por miles, estábamos impacientes, queríamos ir a ayudar a parar a estos asesinos, pero éramos de Operaciones Especiales, un recurso demasiado valioso como para arriesgarlo en éstas misiones.

Luego nos enteramos que habían empezado a movilizar a la Fuerza de Infantería de Marina, deducimos que ya faltaba poco para que nos tocara a nosotros, lamentablemente los Infantes empezaron a tener bajas, muchas, y ya era hora de mi quinto desplazamiento, en efecto, así sucedió, recibimos la orden de movilizarnos, iríamos por pelotones, asignados al comando de Infantería, no era para nada de nuestro agrado, los infantes tenían un accionar muy diferente al nuestro, totalmente, ellos estaban preparados para trabajar en grupos numeroso, nosotros no, como comandos, solo nos movíamos en pelotones independientes, y a su vez en patrullas, nuestra efectividad radicaba en éste tipo de trabajo, cada patrulla contaba con un oficial a cargo, y con un subjefe de patrulla que era el suboficial de más alta graduación, también nuestros pelotones se habían incrementado, la escuela graduaba a más cantidad de alumnos, por ser de nivel básico, cada vez se recibían más, las exigencias no eran tantas ahora, no como yo las conocía, el alto mando sabría qué estaban haciendo.

Llegado el momento de dirigirnos a la zona de combate, fuimos hacia el Aeropuerto, a la zona del grupo aéreo naval, en donde embarcaríamos en un avión Hércules en compañía de un buen número de Infantes de Marina, quiénes nos observaban con verdadera admiración por la mañana, abordamos con todo nuestro equipo y despegamos, llegando en horas de la tarde, en donde deberíamos esperar al pelotón que relevaríamos y estar prestos para subir a los camiones designados para nuestro traslado, nuestra base estaba como a unas 4 o 5 horas de distancia de la ciudad en que habíamos aterrizado, Huamanga Ayacucho, comandado por los mismos Infantes, llegamos y nos llevan a los alojamientos designados para nosotros, en donde depositamos todo nuestro equipo, por ningún motivo nuestro equipamiento y arsenal debería estar bajo el control de los infantes, ellos no podían manipularlos.

Nos desplazamos con una compañía de Infantes que sumaban los 200, directo a la zona de combate, era una ciudad de altura, en Ayacucho, el accionar terrorista estaba en todo su apogeo y era nuestro deber eliminarlos, y también era en donde se había iniciado todo este movimiento. Llegamos casi al anochecer, y se nos ordenó subir a una montaña para combatir a un grupo de insurgentes que habían diezmado a una comunidad, apenas tuvimos tiempo de instalarnos, comer algo y descansar un poco, saldríamos en pocas horas, nuestro equipo personal estaba compuesto por un chaleco antibalas israelí, que cubría todo el pecho, la pelvis y solapas de kevlar para proteger el cuello, ya veríamos lo valioso que fueron estos chalecos, nuestro fusil FAL PARA de reglamento y un fusil HK-G3 Alemanes, excelentes para tiros de precisión, puñal, pistola Pietro Beretta de reglamento, designadores lasèricos, miras nocturnas también israelíes, 8 cacerinas de repuesto y una en el fusil, personalmente usaba una funda que contenían 10 cacerinas adicionales, era fiel creyente en la superioridad de fuego, balas trazadoras, granadas de fragmentación y de estruendo, granadas de fosforo rojo contra emboscadas, por patrulla teníamos asignado una ametralladora MAG, para fuego pesado con sus respectivas cajas de municiones en racimo, éramos unas máquinas de matar y aniquilar, teníamos toda la preparación y el convencimiento de que nuestra misión era la mejor que cualquiera, se trataba de defender a la población indefensa e inocente, en un escenario totalmente diferente a cuanto nos habíamos enfrentado, siempre contra un enemigo identificable, ahora no.

Calzamos nuestras armas y pertrechos en el chaleco, de tal manera que cuando nos retirábamos éste, solo quedaba libre nuestro fusil, todo lo demás se ponía y sacaba en una sola acción, pues bien, a caminar se dijo, era una noche lluviosa y llena de fango los caminos, todo era paso de cabras, trepamos por largas horas, hacia el punto con un guía de la zona a quienes les decíamos Huincho, debíamos de llegar un par de horas antes del amanecer para poder desplazarnos y tomar lugar al ataque sorpresivo, así lo hicimos y nos desplazamos en abanico, aprovechando la altura y la vegetación alrededor del poblado, nos habíamos asegurado de que en aquel lugar solo habían terroristas y comuneros que colaboraban con ellos por propia iniciativa, la misma comunidad nos lo había asegurado (la comunidad estaba bajo nuestra protección y habían sido evacuados a un lugar seguro).

Ninguno de nosotros había sentido el rigor de la caminata, no sentíamos ni un asomo de cansancio, por más que cargamos más de 30 kilos encima, el fango y la lluvia, podíamos haberlo hecho toda la noche, nuestra preparación era superlativa, sí señor.

La noche en esa zona es de una oscuridad absoluta y nuestros guías eran imprescindibles, no habíamos estado en un terreno igual, empezó a clarear el alba, ya observábamos a los centinelas, muy descuidados, estaban bastantes confiados en el terror implantado hasta ahora, iban a recibir de su propia medicina, atacamos y nos involucramos en un combate desigual por cierto, éramos muy superiores, no en cantidad, nos doblaban en número, pero nuestro ímpetu era superior, los eliminamos, luego vino una limpieza de casa por casa, al término, dejamos los cuerpos en el lugar, solo recabamos alguna documentación o material que podría servirnos para que los de inteligencia los analice.

Teníamos conocimiento que los terroristas recogían a sus camaradas caídos.

Bajamos a la base, directo a las camas de campaña que teníamos asignados, al costado de nuestra cama teníamos un gancho en donde quedaba colgado el chaleco con todos nuestros pertrechos, y reabastecidos, algo de alimento y a descansar, no habíamos dormido nada, y recién teníamos 3 días de haber llegado, buen inicio.

Dormíamos con el uniforme puesto, los ataques eran seguidos, tanto a la base como a las patrullas que salían en misión, así que teníamos que estar listos en menos de 1 minuto si necesitaban de nuestro apoyo.

En las noches, si veíamos que los cerros que circundaban nuestra base estaban llenos de antorchas y fuego, era ataque inminente, cada uno de nosotros tenía asignado un puesto de reacción en caso de ataque, cuando éste ocurría, nuestra patrulla repelía el ataque casi inmediatamente, lo curioso era que cuando terminaba la escaramuza, habían grupos de infantes que recién terminaban de formar para su lista y parte, era gracioso, cuestión de prioridades.

La lista y parte lo dejábamos siempre para el último, y así sabríamos si teníamos bajas o no.

Otra de las cosas que no nos gustaba era que para salir de patrulla los infantes tenían que salir con las botas limpias y lustrosas, era un crimen, usaban relojes de metal y algunos distintivos que brillaban al sol, no sé si habrán aprendido, pero todo eso ocasionó muchas bajas innecesarias, me explico, nosotros desgastábamos las puntas de nuestras botas con lija, no usábamos distintivos que brillaran, no usábamos relojes de metal, fijábamos todo accesorio de metal en nuestro equipo que pudiera hacer ruido, los forrábamos con cinta aislante negra, nos camuflábamos el rostro para evitar el brillo, todo esto era para evitar que el enemigo nos pudiera detectar con anticipación, el sol era intenso en el día, salías de patrulla y por estos detalles no cubiertos, preparaban emboscadas que costaban vidas de jóvenes marineros, lamentablemente no estaban bien preparados para las acciones de combate, ya que no solo es saber disparar un arma y tener el coraje de hacerlo, eran muchos factores que permitían que salieras triunfante en una batalla, lo sabíamos muy bien, nuestra preparación era diferente, ellos no quisieron cambiar ni adaptarse.

Pues bien, como éramos patrulla de combate, salíamos continuamente a patrullar por las inmediaciones, con la finalidad de detectar a grupos preparándose para alguna incursión, en una de esas salidas y estando como apoyo especializado en desactivación de explosivos y tirador de precisión (aun no nos llamaban francotiradores, aunque usábamos los fusiles Sniper, especialmente para este tipo de trabajo, pero no nos gustaba mucho utilizarlo, la geografía no permitía utilizarlo, prefería los HK-G3) sufrimos una emboscada en la ruta, utilizábamos un camión que le decíamos “el reo”, cuando salía, toda la ciudad se enteraba que lo hacíamos, y aun con ese detalle de exposición continuábamos utilizándolo, durante el trayecto, que era un camino de tierra y cascajo, por un lado, teníamos a un cerro, y al otro, una caída llena de matorrales, apenas se vislumbraba un terraplén a modo de canaleta por donde discurría el agua durante las lluvias intensas, nos volaron con una mina plantada en el camino, en todo el centro del camión, pero estaba protegido por una plancha de acero en el vientre, ocasionando que el camión se empotrara en la falda del cerro, mientras los que estábamos en la parte trasera volamos en el aire, soportando una andanada de disparos, que buscaban matarnos en plena caída, para su mala suerte, nosotros podíamos reaccionar en el aire, buscar el objetivo y disparar a la vez, ¡qué tal preparación!, yo mismo me asombro de todo esto, cuando caímos al suelo, estábamos orientados hacia la dirección en que nos disparaban, accioné mis granadas de fosforo rojo que eran especialmente para contraemboscadas, y procedimos al contraataque, definimos el combate con una arremetida brutal, con todo, ellos tenían la posición dominante en las alturas, pero nosotros teníamos la preparación, al final hicimos un repaso de los caídos de parte de los terroristas, habían algunas mujeres entre ellos, una de ellas era la que había accionado el explosivo que nos voló por los aires, de nuestra parte, dos grumetes infantes se desmayaron por sendas heridas en el cuero cabelludo y cuello, se habían desangrado y por la adrenalina no habían sentido las heridas, pero no fue nada de gravedad.

Continuamos la misión, en un hecho de confusión y como una lección más, cuando estaba desplazándome en compañía de unos policías, uno de ellos, el más cercano a mí, arremete contra una campesina que vendía legumbres en un mercado del paso, ésta mujer, joven de unos 25 años de edad tenía un bebé en brazos, cubierto con una manta, aparentemente dormido, cuando surge ésta acción casi disparo mi arma contra él, no toleraba ningún abuso y mucho menos a la población que había venido a defender, pasado el momento de tensión, este policía hace una revisión corporal de la persona, y en la manta del bebé tenía un revolver S&W cal. 38 abastecida y dos "quesos rusos" artefacto explosivo que era hecho en una lata de leche, con dinamita y anfo, lleno de clavos y alambres para hacerlo mortal, un detonador con una mecha cortísima, explosionaba en menos de 5 segundos, esto lo hubiera utilizado contra nosotros cuando la hubiéramos sobrepasado, no podíamos confiar en nadie, aumentaba mis conocimientos, se hizo muy difícil el poder diferenciar quien era amigo y quien no, más aun cuando salíamos en un Willy, vehículo pequeño pero muy versátil que utilizábamos para desplazamientos rápidos, tenía una ametralladora de calibre punto cincuenta, sus cartuchos eran para uso antiaéreo, casi del tamaño de la palma de mi mano, terrible armamento, estaba montado sobre un bípode en el medio del chasis del vehículo.

En una salida y sin pensarlo, al observar a un grupo de tres niños que venían hacia nosotros, nos arrojamos del vehículo en marcha y los apresamos, fuimos muy rápidos, les encontramos revólveres y quesos rusos, su misión era atacarnos para destruir el armamento que les hacía mucho daño, como elemento de inteligencia me encargaba de los interrogatorios, me interesé sobretodo en el líder quien era un chiquillo de 13 años, tenía un alias que lo identificaba dentro de los terroristas, también supe su nombre real y toda la historia que había detrás de él, los terroristas lo habían reclutado matando salvajemente a sus padres delante de él, fueron degollados como reses a pesar de las súplicas de sus hijos, estos miserables no tenían piedad, nosotros no la tendríamos con ellos, luego de recopilar datos, nos enteramos que el segundo líder de esa zona estaba por llegar, en cualquier momento, no se sabía cuándo ni la hora, pero de que venía, venía.

Solicité autorización al comando para actuar de civil, con el respaldo de mi patrulla, todos de paisanos, yo había sido de contrainteligencia, estaba en mis dominios, aceptaron, no podíamos llevar más que pistolas y puñales, eso era todo, la importancia del blanco era lo único que nos interesaba, se alertó a la fiscalía y policías del sector para en caso necesitáramos apoyo.

Nos desplegamos en el pueblo que era bastante grande, una ciudad, que aunque sumido en el miedo, seguían tratando de sobrevivir, conversaciones por aquí, el muchacho me iba alimentando con más información en el camino, lugares, personas que estaban involucradas dando apoyo a los terroristas, no sólo con datos de autoridades para asesinarlos, sino también para darles refugio y protección, hacía mapas mentales que después lo plasmaba en mis informes.

Al tercer día logramos el objetivo, estábamos caminando por el mercado cuando el chico me avisa que lo acompañe hacia una camioneta Hi Lux Toyota, gris, en donde había un conductor y un copiloto, les aviso a mis compañeros encubiertos para el desplazamiento y cobertura, éramos una máquina bien engranada, sólo gestos y sabíamos qué hacer cada quien, mis hermanos, les confiaría mi vida en donde sea, en cualquier circunstancia, y ellos sabían que podían contar conmigo para todo, protegería sus vidas en donde fuere, bajo cualquier circunstancia también.

Nos dirigimos hacia el vehículo en donde alguien le hacía gestos de saludo al muchacho, habíamos quedado en que me presentaría como su hermano, que había llegado de Lima para visitarlo, me dijo que era el segundo líder y cuando lo llamó por su alias de camarada, me confirmó que era el terrorista indicado, al darme la mano en señal de saludo, lo cojo y le apunto con mi pistola a la cabeza, indicándole que estaba detenido, cuando el conductor quiso reaccionar, con gesto de sacar un arma, ya uno de mis compañeros lo tenía cubierto con su arma, levantaron las manos y los sacamos del vehículo, corrimos con ellos hacia la comisaria que no estaba muy lejos, no sabíamos si contaban con apoyo, y los entregamos a las autoridades, nos cercioramos del atestado y nuestro oficial a cargo se presentó para dar fe de la captura del segundo líder terrorista de la zona, buen trabajo.

Sólo matábamos terroristas en acción de armas, no podíamos hacer lo mismo que hacían ellos, asesinos sin motivos ni razón, solo con las consignas y locura de sus líderes, que tenían pensamientos torcidos, en donde la captura por la fuerza del poder, justificaban tantos asesinatos inmisericordes, querían someter al pueblo por el terror, asesinaban a sus autoridades, torturándolos delante de sus comunidades, descuartizaban a las esposas de estas autoridades sin piedad, reclutaban niños, a quienes los utilizaban como esclavos en los sembríos que utilizaban para su manutención, previo asesinato de sus padres, violaban a las niñas y las convertían en sus esclavas sexuales, toda una cadena de abusos, lo que era peor, teníamos noticias de que se hacían pasar como luchadores sociales ante la comunidad internacional, y teníamos autoridades pusilánimes y cobardes que en cuanto llegaban a sus cortes, estos decretaban su libertad, estábamos realmente furiosos por todo ello y haríamos todo lo que estuviera a nuestro alcance para detenerlos, así nuestras vidas se fueran en ellas.

Cuando estábamos en reposo nos viene un pedido de auxilio, estaban atacando a una comisaría y ya tenían varios muertos, obviamente mi pelotón fue de los primeros en acudir a su llamado, utilizamos dos willys, en el trayecto había un puente de madera que los terroristas habían bañado en petróleo, para prenderle fuego en cuanto llegara la ayuda, y así cosechar más muertes, cuando vimos eso, uno de los nuestros, con un coraje digno de él, se arroja del vehículo en marcha y corre hacia el puente en donde habían dos terroristas afanándose en detonar sus explosivos, les llegó la muerte primero, nosotros seguimos nuestra marcha, nuestro compañero se encargaría de desactivar los explosivos, (quiero hacer un sentido homenaje a este hermano, quien ya no se encuentra entre nosotros) al llegar al lugar de enfrentamiento, nos reciben con descargas por todos lados, los policías y los terroristas disparaban contra nosotros, una parte de la patrulla se dirige hacia la comisaria para indicarles que éramos amigos, estaban en pánico total, su instalación medio derruida y sangre por todos lados, no era para menos, una vez asegurada la instalación, la otra parte nos dirigimos en persecución de los terroristas, eliminamos a unos cuantos y el resto huyó hacia las montañas.

Cuando llega el momento de las indagaciones, nos enteramos de que los agentes de ésta comisaria, eran grandes abusadores con la gente del poblado, en donde habían puras mujeres y niños, los adultos tuvieron que huir, ya que los terroristas los reclutaban para sus fines o los mataban si no lo hacían, no tenían opción, entonces los agentes se emborrachaban y cometían desmanes en contra de las mujeres, las violaban y abusaban de ellas cuando les placiera, ante tanto abuso, las mismas mujeres se pusieron en contacto con los terroristas y entregaron en bandeja la comisaria.

Fingiendo un desfile escolar, con sus uniformes y todo, un grupo desfiló por el frontis de la instalación, cuando una chica, adolescente, se parapeta detrás de un busto que estaba en la plaza y dispara al policía de guardia, lo mata al instante, el líder del grupo quien era otro chico, con un sol de oro en el pecho, arroja una granada en el interior, matando a otro e hiriendo al que nos llamó por radio, ante estos hechos, créanme, nos arrepentimos de haberlos salvado, si nos hubiéramos enterado antes de toda la historia, creo que hubiéramos ayudado a los terroristas, y lo digo en serio, mi informe salió muy rápido, para que sea puesto de conocimiento del alto mando para las acciones respectivas, no podía hacer más, y mis informes tenían mucho peso, ya que los firmaba con mi grado y mi primera especialidad de Inteligencia.

De vuelta a la base, nos dan la orden de acompañar a los chaimites, unidades blindadas y anfibias de Infantería de Marina como desactivadores de explosivos, ya que eran muy atractivos para los terroristas, la unidad en que me encontraba se dirige a una plazoleta, con una pila de agua en el medio, circular y con cuatro calles de acceso, nos desplegamos en grupos de a dos, escojo una esquina y procedo la vigilancia con un Grumete Infante, la oscuridad era tenue, con unos postes de luz que arrojaban muy poca luz, había constantes apagones por la destrucción de las torres de alta tensión de parte de los subversivos, cuando de pronto empieza un bombardeo en nuestra periferia, tomamos acciones de defensa ya que todavía no eran muy cercanos a nosotros.

Nos percatamos de que se iban acercando, estaban tanteando las distancias, arrojaban las cargas con hondas, artefactos que dominaban muy bien, cuando de pronto y presa del pánico el conductor del vehículo pide auxilio a la base gritando, delatando nuestra posición exacta, los explosivos caían cada vez más cerca, le ordeno al Grumete que se eche en el suelo cubriendo mi espalda y que dispare a todo aquel que se mueva por su frontis, yo había tomado posición defensiva cubriendo la calle que estaba a mi frente, en la misma esquina y escuchando los gritos pidiendo apoyo , el jefe de esa unidad también presa de pánico, quería encender la máquina y largarse de ahí, abandonándonos, solo le indiqué a mi compañero que no debía de moverse, que éramos blancos fijos en esa unidad, que no se preocupara y solo siguiera mis órdenes, en ese momento vuelan los postes que estaban a unos metros de nosotros, cayendo estrepitosamente y jalando una maraña de cables, veo que dos subversivos corren tratando de acercarse por la calle que cubría haciendo disparos, los elimino de inmediato, no podía permitir que se acerquen, el muchacho que me acompañaba resultó de los buenos, nunca supe su nombre, me cubrió perfectamente, y cuando estaban a punto de irse sin nosotros, llegó un Willy con mi patrulla, disparando la punto cincuenta, que hermoso sonido, se detienen cerca de la pila de agua, se despliegan, y el oficial se acerca a la unidad blindada preguntando por mí, acabado la escaramuza, pongo a mi oficial superior de las novedades y la acción de ciertos tripulantes del blindado, que no dudaron en abandonarnos si ellos no llegaban a tiempo.

Resulta que ellos estaban en escucha en la base, cuando oyen que uno de los blindados estaba siendo atacado con explosivos y pedían auxilio, mi jefe de patrulla cayó en la cuenta de que solo yo estaba ausente y apoyando a ésa unidad, inmediatamente cogió el vehículo y a mi gente para el apoyo respectivo, sin pedir permiso ni nada, solo importaba sacarme las castañas del fuego, ¿cómo no iba ir al infierno con ellos? Nunca más, nuestro comando permitió que fuéramos como apoyo.

Empezamos a permanecer como patrulla de combate todo el tiempo, casi no volvimos a descansar mucho en la base, no bajábamos de las alturas, conocimos comunidades distantes, gente que sufría el embate terrorista cada día, indefensos, las visiones de desgracias, abusos, crímenes sin nombre cometidos por estos delincuentes eran innumerables, cada marcha nos encontrábamos con cuadros de desgracias, lo que nos motivaba más a continuar, día y noche, descansábamos en donde nos cogiera la noche, a la intemperie, en chozas abandonadas, en cementerios, etc., sufríamos continuas emboscadas, destruíamos sus escuelas populares, liberábamos gente y animales que estos delincuentes iban acopiando por los valles, no teníamos ninguna baja, nos reabastecían por el aire utilizando los helicópteros o "cachi cachi" como los nombraban los lugareño.

Voy a graficar con solo un ejemplo de las desgracias que soportaban estos hermanos campesinos, en un valle montañoso, caminando, encontramos a un niño llorando, todo era verde, con árboles y campos sembrados, abajo , a unos 50 metros había una casa de barro, con su techo de paja, pero lucia ordenado y limpio, le preguntamos qué pasaba, nuestra patrulla, por inercia ya estaba desplegada en posición defensiva que consistía en hacer un circulo de defensa, apuntando en todas direcciones, bien dispuestos, la iniciativa la tomaba yo, como líder de la patrulla, no teníamos oficial y estábamos bajo el comando de uno de mayor graduación que la mía, pero las iniciativas me correspondía a mí, respondió que los terroristas habían pasado por ahí y asesinado a su mamá, le pedí que me indicara donde estaba su madre, nos lo señaló, unos metros más abajo, en una pendiente cubierta de vegetación, apenas se distinguía un cuerpo echado en la hierba, boca abajo, nos acercamos con cuidado, estos miserables tenían por costumbre poner explosivos debajo de los cuerpos, eran trampas caza bobos, habíamos tenido varias experiencias con consecuencias fatales en algunas patrullas de Infantes, nosotros sabíamos lo que hacíamos, revisamos el cuerpo antes de proceder a levantarlo, no había trampas, cuando la cabeza de la mujer se desprende del tronco y quedó colgado de un pedazo de piel de la garganta.

Cuando los delincuentes subversivos llegaron a la casa, le conminaron a la señora que les entregara la única vaca que tenía, ella se negó, aduciendo que era para alimentar a sus hijos, era lo único que tenía, ante esta negativa, la cogieron, abusaron de ella y la degollaron como a una res, lentamente, de atrás hacia adelante, cortando su nuca primero, de solo imaginar ese sufrimiento, nuestras ganas de encontrarlos fueron incontrolables, lo peor era que lo hicieron en presencia de su hijo pequeño, de unos 10 años, muy bajito, quien nos enseñó la ruta por donde se habían retirado, iban lento porque arreaban gran cantidad de animales, para su manutención, todos eran robados de las comunidades adyacentes, el niño nos acompañó.

Después de unas horas de caminata, logramos dar con ellos en una quebrada, se habían dispuesto a descansar, craso error, lo iban a pagar muy caro, nos desplegamos y atacamos, hicimos algunos prisioneros para llevarlos a la base con la finalidad de interrogarlos, eran una columna numerosa, con líderes y ordenados, deberían de tener información valiosa para nosotros, el niño, viendo que habíamos eliminado gran parte de estos delincuentes, se sintió al menos en parte, aliviado, el asesino de su mamá ya no haría más daño, lo acompañamos de regreso ante el jefe de su comunidad y lo hicimos responsable de su protección.

Nos dirigimos a nuestra base para entregar a los prisioneros. Cuando habíamos llegado y nos preparábamos para descansar un poco, nos vino la orden de ir en los helicópteros a evacuar comunidades que habían sido atacadas por los terroristas, así que, adiós descanso, no importaba, teníamos y queríamos hacerlo, fue bastante desgarrador la evacuación, teníamos a madres con hijos de pocos meses de nacido con manos y pies destrozados a balazos, decían que era para que cuando crezcan no tomen las armas contra ellos, los delincuentes terroristas, nadie hablaba en los vuelos de ida y vuelta, teníamos mucha rabia en nuestro interior, queríamos cazarlos, pero la prioridad era nuestra gente que sufría los embates de estos miserables.

Terminamos la evacuación y descansamos muy poco, teníamos que ir a apoyar a patrullas que estaban siendo atacadas en las alturas, volvimos a tomar los helos, pero los pilotos de la Fuerza Aérea no querían arriesgar las aeronaves y nos dejaban un poco lejos del combate, teníamos que caminar y subir cerros, éramos muy vulnerables abajo, pero lo hacíamos, los terroristas habían desplegado a pequeños grupos para emboscar a toda patrulla que iba en auxilio de los atacados, querían hacer una masacre, pero no eran rivales, cruzábamos las cañadas de a uno, y el primero que cruzaba tomaba posición de tirador en lo más alto , algunas veces tenía que combatir con los enemigos, al suceder esto y como perdían el enfoque en toda la patrulla, cruzábamos rápido y subíamos en forma escalonada, disparando y eliminando a cuanto enemigo se cruzara.

Cumplida la misión, otra vez de retorno.

Cuando tomamos otra vez los helos para apoyar a una patrulla del Ejército, que había sido emboscada, pero esta vez con pilotos del Ejercito, que barbaros, volaban a ras del suelo, sorteando los cerros a una gran velocidad, el tiempo de respuesta marcaba la diferencia de poder llegar a auxiliarlos con prontitud y sacarlos salvos, cuando llegábamos, estos magníficos pilotos, no les importaba las balas que les disparaban, sin aterrizar, nos dejaban en medio del combate, cada integrante de la patrulla que saltaba al suelo, ya estaba dispuesto al contraataque, disparando sus armas, formábamos de inmediato un perímetro de protección al helo, hasta que el último hombre estuviera en el suelo, y se retiraba levantando una polvareda con sus aspas, que de alguna manera nos cubría, procedíamos a atacar al enemigo auxiliando a la patrulla del ejército emboscado, eran patrullas de soldados comandados por sargentos de servicio militar, muy buenos militares, después del combate, hicieron formación, se cuadraron y nos dieron parte de la situación, carajo, que disciplina.

Algunas veces, la información de Inteligencia llegaba un poco tarde, en una incursión de operaciones combinadas con el ejército, a una base terrorista, a mi patrulla, le correspondió un trayecto muy cercano a la hacienda en donde tenían su cuartel los subversivos, nos indicaban que teníamos que cruzar y con mucho cuidado un brazo de rio seco, por lo mismo otorgaba un frente amplio de llanura, muy fácil para detectarnos, el caso es que cuando llegamos a las proximidades, no existía el brazo de rio seco, sino cuatro brazos de rio y con bastante agua, no teníamos alternativa, además éramos operadores especiales, así que a cruzarlos, encima con el riesgo de que detectaran muy temprano nuestra presencia, el operador de radio parecía un submarino, apenas se notaba solo la antena de su radio, y la corriente era bastante fuerte, más nuestros equipos, fea la cosa.

Cruzamos, no sin antes repasar a la patrulla, teníamos algunas heridas producidas por las rocas y la corriente, pero nada que nos imposibilite continuar, nadie se iba a quedar por unos cuantos cortes y moretones, iniciamos el despliegue y procedimos con el ataque, destruimos la base terrorista y se produjo algunas bajas en nuestros compañeros del ejército, nosotros seguíamos sin contabilizar bajas.

Retornamos a continuar con la preparación para subir a las montañas, a seguir liquidando terroristas, cuando una noche alguien nos da la orden de presentarnos ante el jefe de la base, un oficial de Infantería de marina, quería que lo acompañáramos en patrulla hacia unos cerros aledaños, llevando a los prisioneros que habíamos traído nosotros, no sabíamos con qué finalidad, nuestra labor ya había terminado con la entrega de los mismos, y mis informes de los interrogatorios. Fuimos en caravana de varios vehículos, cuando nos detuvimos en la falda de uno de los cerros, al filo de un abismo de unos 700 metros, dan la orden que descendiéramos de los vehículos, formamos perímetro y ponen en el filo del abismo a los prisioneros, indicándome de que les disparara, obviamente me negué, yo no era ningún asesino, me amenazó con corte marcial y todo, jamás lo haría, quiso hacer lo mismo con cada uno de los integrantes de mi patrulla, ninguno obedeció esa orden.

Al retorno, nos confinaron en nuestra cuadra, nos enteramos de que iban a llevarnos detenidos al aeropuerto para una corte marcial en Lima, por desobedecer la orden de un superior en tiempo de guerra, según el código de justicia militar, no éramos muy estimados por los Infantes, eso era de siempre, y era reciproco, una noche antes del traslado, nos habíamos equipado con todo nuestro arsenal, antes de ir detenidos, no dejaríamos ninguna piedra sobre piedra de la base, estábamos decididos, no importaba si nos llevábamos a todos los Infantes por delante, cuando el segundo jefe, también infante, nos solicita conversar, no sé cómo se filtró nuestras intenciones, el caso es que accedimos y conversamos, nos prometió que tendríamos ayuda del Almirantazgo, que él no estaba de acuerdo con la medida tomada contra nosotros, y que permitiéramos que nos lleven en los camiones del ejército, era un comandante de quien solo habíamos recibido aprecio y afecto, en todo el tiempo que llevábamos en la base, consulto con mis compañeros quienes decidieron confiar en sus palabras, yo, no muy convencido, acepto también y deponemos nuestra actitud.

Al día siguiente, llegaron tres camiones Unimog, con bastante escolta, no era para menos, éramos una patrulla de militares de élite, con bastante fama en combate, en lo personal, redacté un informe con todo lo acontecido, minuciosamente con nombres y rangos, lo firmé con mi grado y como Inteligencia Naval e iría, ese informe, a la Dirección de Inteligencia Naval, mis informes tenían peso, sobretodo perteneciendo a Operaciones Especiales, utilicé los canales correspondientes para que llegue lo más pronto posible el informe, no pensaba quedarme de brazos cruzados, no por mí, sino por mi gente, ellos me seguían sin condiciones, y mucho menos soportaba injusticias, venga de donde venga.

Llegamos al Aeropuerto, nos instalaron en el ambiente de Inteligencia, en donde se nos interrogó por lo sucedido, cuando se enteraron de que yo era también de Inteligencia, y de Contrainteligencia, las cosas cambiaron, estuvimos más relajados, llega el avión para trasladarnos a Lima y en plena formación se nos acerca un General del Ejército, el Jefe supremo de la Región, me pregunta sobre las razones del traslado, le explico y me reconoce, ya que le había prestado cobertura y protección en varias de sus visitas a las comunidades de las alturas, y solo pedía cobertura de nosotros, siempre iba con ayuda para los comuneros, les daba indicaciones de como sobrellevar la situación, les daba dinero a las autoridades, delante de toda su comunidad, para que la gente pueda pedirles cuentas de todo lo entregado, le entregaba esa potestad a cada comunidad, él no regresaba a pedir cuentas, solo a recibir novedades del pueblo, sobre las acciones tomadas con la ayuda entregada, era una estupenda medida, directa.

El caso es que en ese lapso de tiempo, el General recibe una llamada con la indicación de liberarnos de los cargos, nos mira y ordena de que prosigamos con nuestro trabajo, que solo había sido un mal rato y listo, que ya nos volvería a visitar en las alturas, en cualquier momento, que retornemos a nuestra base, se nos une el segundo, y nos estrecha la mano, procedemos a embarcamos en los camiones del ejército, pero esta vez como pasajeros, aunque algo inquietos, estábamos desarmados, cuando nos trajeron, tuvimos que dejar todo nuestros equipos, en fin, fue un retorno bastante movido pero sin mayores problemas.

Cuando llegamos a la base, el Jefe de la misma me hace llamar, una vez en el interior de su oficina me exige que cambie el informe enviado, me entrega un papel y un lapicero, simplemente no obedecí esa orden, me amenazó de todas formas, para mí era un chiste, nada podía hacerme daño en ese instante, después de varios intentos por que cambiara de opinión, llegó de Lima un oficial de Inteligencia e Infante de Marina, quien había sido mi instructor en la Escuela Básica de Inteligencia, él sería el encargado de las investigaciones motivado por mi informe, en conclusión, el Jefe de la Base fue removido de su cargo y enviado de regreso, sin concluir su mandato. Realmente me era indiferente, a los cobardes se les elimina o se les ignora.

Continué con mi asignación, no había tiempo que perder, la gente nos necesitaba, proseguimos con nuestras patrullas, más de lo mismo.

De regreso a nuestra base, al término del destaque en la zona de emergencia, proseguimos con nuestra rutina, entrenamiento y especialización. Para poder relajarme seguí un curso de paracaidismo deportivo en el Aeroclub de Collique, esta escuela estaba dentro de las instalaciones de un Aeródromo de la Fuerza Aérea, así que tenía todas las condiciones para ello, con mi propio peculio, pagaba el curso y los saltos que eran bastantes, disfruté por primera vez las delicias de caer libremente de una avioneta y abrir mi paracaídas, cuando la prudencia y seguridad lo hacía oportuno, estaba en el paraíso, tenía abundantes saltos por ser básico y maestro de salto, y estaba en espera de vacantes para subir al tercer peldaño en ésta rama, el de Caída Libre del Ejercito, se preguntaran, si ya era paracaidista libre, ¿porque insistir con el Ejercito?

Nada como hacer un curso en ésa rama, el reto era las dificultades que presentaba, las exigencias hacían que muchos abandonaran o fueran expulsados del curso, era por descarte, en el ejército no existían medias tintas, eres o no eres, así de simple, aparte de ello ganarte el brevete que era espectacular, el ala con su paracaídas abierto, encima el sol con sus hojas de laurel y abajo a Pachacutec en posición de vuelo, que soportaba todo lo arriba descrito, ocupaba casi todo el lado derecho de mi pecho en el uniforme, era el orgullo elevado a su máxima expresión, muy pocos lo podían portar, menos personal naval.

Pues bien, logré una vacante en el curso de caída libre del ejército, cumplía sobradamente con los requisitos, cierta cantidad de saltos operacionales y ser maestro de salto con una cantidad de dirección y control de saltos, procedimos nuevamente a la División Aerotransportada del Ejercito, ya se estaba convirtiendo en nuestra segunda casa, previo a esto nos habían enviado la relación del equipo necesario para ser alumno de éste curso, otra vez ser alumno, lo iniciamos con personal del ejército e infantes de Marina, nos dieron la bienvenida, y como el curso era de un nivel superlativo, incidieron en las técnicas de salida, de posición en el aire, de maniobras en el aire, hacer relativos (maniobras en parejas) etc, yo ya tenía varios cientos de saltos acumulados en mi club de paracaidismo, pero esto, era otra cosa, tan es así, que en un momento, estuve con luz ámbar, que quiere decir a un paso de ser expulsado por aplicar mal cierta técnica de salida de la aeronave, lo superé, la disciplina y rigor con que se deben ejecutar las maniobras son estrictas, en lo civil no, y eso me había relajado demasiado, muy confiado, casi me cuesta mi apreciado curso, felizmente tenía la capacidad para enmendar rumbo de inmediato y lo hice.

Realizamos bastantes saltos de día como de noche, nos graduamos con honores, esta vez la entrega de nuestras alas fue diferente, porque era el último nivel dentro del paracaidismo, y en nuestra condición de marino, era mucho más valioso, se colocaba el ala en un vaso de vidrio bastante más grande que los normales, lleno hasta el borde, de todo tipo de brebajes alcohólicos, vodka, ron, gin wisky, etc., teníamos que beberlo todo hasta coger el ala con la boca, una vez hecho esto, los monitores lo colocaban en nuestros uniformes, clavándolo con un puño, que sensación para sublime, es único y autentico orgullo continuar logrando lo que muy pocos pueden hacer

Ya de retorno a nuestro cuartel, lo primero que hice fue dirigirme a mi más antiguo instructor y dedicarle mis alas, promesa cumplida, luego, sacarle brillo, uniforme de gala y a la estación naval, para saludar mis promociones de inteligencia y enseñarles el nuevo logro en representación de ellos.

Teníamos instrucción de Tae Kwondo, arte marcial completo desde mi punto de vista, el profesor era un Coreano, campeón mundial de la materia, las clases eran sin protección, y ganamos nuestros grados a punta de peleas, interminables, recuerdo en la ocasión de cambiar para cinta marrón, el combate fue muy duro con mi compañero, transcurrieron dos horas y seguíamos, no había ganador, ante esto el profesor en compañía del jefe de nuestra base, se pusieron de pie, detuvieron la pelea, nos tuvieron que agarrar porque queríamos seguir, y nos entregaron las cintas de grado, a ambos y con la mención para ser incluidos en la selección nacional de tae kwondo para los panamericanos, mi pareja de pelea y yo, nos miramos asombrados, posteriormente desistimos, significaba mucho tiempo fuera entrenando para ello, estábamos en una etapa de convulsión social por el accionar subversivo, no podíamos alejarnos tanto tiempo.

Luego llegó una misión Israelí, para capacitarnos en protección de dignatarios, ya habíamos concluido una con los Norteamericanos, fueron clases magistrales, diferentes, y por lo tanto mucho mejor, su técnica más depurada y más efectiva, nos acostumbramos a disparar con mucha precisión desde vehículos en marcha, bajo fuego enemigo, con conducción en zigzag, e infinidad de obstáculos, rescate de rehenes en cualquier escenario, el líder del grupo Israelí había sido el segundo al mando del rescate de rehenes en Entebe, Uganda, así que teníamos a lo mejor de lo mejor brindándonos enseñanza especializada y probada. También logramos ser considerados como Fuerza de Operaciones Especiales, nos lo habíamos ganado.

Éramos parte importante de la Fuerza del Pacífico, hacíamos operaciones combinadas con las Fuerzas Especiales de los EEUU, los Navy Seal, la compañía especial Sea Fox, nada que envidiarles, salvo su logística, era impresionante, pero, nada más, saltos operacionales, curso HALO (High Altitude Low Open) en donde empezamos realizar saltos de gran altura con equipos sudafricanos y los nuevos paracaídas rectangulares, cada uno de ellos tenían los instrumentos para realizar los saltos Halo, máscaras de oxígeno, instrumentos de medición, de orientación, etc.

Como ya tenía y cubría más que suficiente los requisitos para ser instructor, y también que en plena instrucción de caída libre había recibido el ascenso al grado inmediato superior, por méritos acumulados, me designan como instructor de la Escuela de Operaciones Especiales, solo los más calificados podían llegar a serlo, dejé los pelotones de combate y pase a la siguiente etapa de volcar todos mis conocimientos y experiencia a las nuevas promociones de operadores especiales, muy alta responsabilidad, así que me preparé, y como era especialista en camuflaje, explosivos, y radio comunicación subacuática, eran mis materias principales de enseñanza, la situación de la subversión continuaba en nuestro país, hacia cursos para los altos mandos de la Fuerza Armada, Generales de 4 y 5 estrellas del Ejercito, Almirantes y Generales del Aire, pasaron por la capacitación en detección de explosivos, los subversivos habían empezado a enviar paquetes y sobres conteniendo explosivos con activaciones instantáneas de diferentes formas, se estaban especializando y teníamos que eliminar esa amenaza, y preparaba a los altos mandos en cómo detectarlos.

Algo de lo que me enorgullezco es que a todas las promociones que tuve el honor de instruir, siempre me ponía como guía, lo que yo podía hacer, ellos también tenían que hacerlo, seguía fuerte, casi ninguno me podía seguir, algún día lo harían.

Las responsabilidades me estaban avasallando en lo personal, el salario no era suficiente, nunca lo fue, pero ahora se sentía con más rigor, estaba en busca de salir al extranjero, a realizar algún curso que significara un ingreso extra, como Fuerza, las propuestas llegaban de diferentes países, así que me anoté como aspirante al curso Navy Seal, aprobé todas las pruebas, incluso la del idioma, mi promoción y yo nos habíamos preparado bastante bien, logramos aprobar, pero lamentablemente por cuestiones de grados, a pesar de que ciertas calificaciones estaban muy por debajo de las nuestras, pusieron en nuestro lugar a dos oficiales, me presenté ante mi comandante en jefe y le manifesté mi malestar, a lo cual me prometió que para el siguiente llamamiento nos incluiría.

Tuvimos la paciencia de esperar un año más, continuamos nuestra preparación, en la siguiente postulación volvimos a quedar en los dos primeros puestos, en todo, y nombrados para ir a EEUU, lamentablemente nos volvieron a desembarcar, y esta vez fue por un alumno que recién se había recibido, había sido mi alumno, pero era el sobrino del comandante en jefe, no importó mi trayectoria ni la de mi promoción, nos prometieron un curso para Francia, pero ya habíamos perdido la Fe en ellos, y cuando se pierde esto, lo único que queda es el retiro, lo que hicimos, pero nos retiramos cumpliendo todos los requisitos, por mi especialidad inicial y siendo instructor de los Operadores Especiales, no podían acceder a darme la baja solicitada, tuve que recurrir a mis contactos de las altas esferas políticas de ese entonces, para que me sea otorgado el retiro a mi solicitud, nunca me iría por la puerta falsa.

Me fue otorgado el retiro, con todos los honores, en mi base tuve una sentida ceremonia de reconocimiento por los servicios prestados a la nación y listo. A construir otra historia, ahora en la vida civil, fue muy doloroso, tuve que renunciar a muchas satisfacciones personales, para poder lograr todo lo hecho, no me quejo, logré mis objetivos, rodeado de los mejores compañeros que combatiente alguno pueda y desee tener, y llevaré conmigo y para toda la eternidad nuestra oración:

“SEÑOR, RUEGO QUE TU NOS CONCEDAS TANTO LA VICTORIA COMO EL RETORNO, PERO SI A DE SER UNA COSA, OH DIOS, CONCEDENOS LA VICTORIA SOLA”

VICTORIA O RETORNO: VICTORIA

EPILOGO

En este libro están reflejados las situaciones vividas por el autor, he sido bastante cuidadoso con no colocar información sensible que pudiera ser utilizado por personas inescrupulosas para fines poco convenientes, tanto para la seguridad de mis compañeros, como para mi país.

Puedo haber omitido, obviado o agregado comentarios, que para alguien pueda ser ofensivo o agraviante, asumo toda la responsabilidad, por ningún motivo he faltado a la verdad, todas las fotos en ella insertadas son solo referenciales, que están en poder del autor. Solo fueron insertadas como grafica de algunas situaciones que se detallan y nada más.

No pretendo exigir ni pedir reconocimiento alguno, no me interesa en lo absoluto, todo lo hice por amor a mi patria y en reconocimiento por todo lo invertido en mí, reconozco el esfuerzo y dedicación que pusieron en equiparme, enseñarme, brindarme todo lo necesario para desarrollar mis capacidades, a cambio puse todo mi esfuerzo, dedicación, sacrificio, respondiendo ante todo ello.

Por lo tanto, la Marina no me debe nada, ni yo a ellos, solo la lealtad y compromiso de acudir a su llamado, cuando ésta me necesite, sin condiciones y hasta que las fuerzas me acompañen.

Todas las instituciones tienen buenos y malos elementos, por ningún motivo puedo dejar de reconocer el valor, arrojo, camaradería de la mayoría de los integrantes de nuestras FFAA, grafiqué situaciones individuales y personales, jamás involucro a las Instituciones, solo a ciertos elementos que con sus actitudes personales, desviaban el verdadero objetivo de nuestras misiones, velar por nuestros compatriotas.

También rindo un homenaje sentido por todos aquellos camaradas que dejaron sus vidas por seguir éste camino, jóvenes que hasta hoy continúan ofrendando sus vidas por hacer de nuestra patria un lugar seguro de convivencia, mi grupo y yo lo hicimos en su momento y no nos arrepentimos de ello, dimos nuestra cuota, ahora le toca a las nuevas generaciones, siempre con el orgullo de dar nuestra vida si es necesario, donde solo la Victoria importa.

"GLORIA A LA HERMANDAD"

www.ingramcontent.com/pod-product-compliance
Lightning Source LLC
LaVergne TN
LVHW010109170826
845678LV00012B/2319
* 9 7 9 8 5 0 4 4 3 5 5 5 8 *